漢江而成的「汝矣島」，除了是韓國經濟重鎮，島上的綠地公園更是能飽覽漢江美景◎汝矣島公園是一覽漢江美景的最佳地點◎盤浦大橋的月光噴泉表演秀，夜色搭上燈光映在漢江河面美◎63 Square曾是韓國最高建築，建築物因日照時間不同反射不同光澤，又有「黃金塔」美名◎具代表性的地標，登塔、瞭望享受N首爾塔白天與夜晚的不同樣貌◎夜晚可以欣賞首爾夜景，塔的閃閃亮光也超吸睛，是情侶約會的熱門景點之一◎怕語言不同就來明洞吧◎首爾的都市計畫「首爾路7017」，步行

首

U0042231

的空中花園，展現歷步路線，漫步在重新裡的小故事◎步道上

代結合的美麗樣貌◎跟

綠色首爾路上，感受隱

丁香、榆樹及合歡樹，也

景福宮是首爾最具代表

正宮，在宏麗的宮殿留

一大片地區，曾經是朝

26

City
Target

將自然與城市成功結合為綠意性觀光勝地，穿著韓服走過朝下張張美照◎景福宮到光化門鮮時代政權中心地，四周車水

中央視野直達北漢山，令人心曠神怡◎從景福宮串聯西村和孝子洞，感受舊首爾的精髓與浪漫北村與三清洞的歷史街道感受昔日的美好，在韓屋咖啡館裡悠閒度過午後時光◎仁寺洞北側現存古老韓屋最密集的地區，漫步其間宛如回到朝鮮時代◎由韓屋改建成的商店、咖啡廳、美讓三清洞獨樹一格◎仁寺洞號稱全首爾最具古典藝術氣息的購物區，但一點也不沉悶，各式各國民族風情的商品應有盡有◎昌德宮古意盎然的宮殿建築和傳統造景的後苑都韻味雋永，為期宮殿中保存最完美的一座◎24小時不打烊！想要買滿、逛滿就來東大門！時尚新指標的著名DP也超級好拍◎東大門已是亞洲數一數二的服飾批貨大本營，白天零售、晚上批發，整天人◎坐落在DDP旁的玫瑰燈海已成為常設展覽，LED花海由25,550朵玫瑰構成，與夜色相映成的一幅畫◎東大門設計廣場DDP是首爾在世界設計首都活動和建設中的指標性建築◎白天、晚上跑夜店，首爾最新的美食、咖啡館，走一趟弘大就能一網打盡◎充滿自由自在、青春無敵街邊塗鴉藝術也十分盛行，處處都是拍照的最佳角落◎如想要嘗試各種異國料理別錯過延傍晚時分也可以看到許多年輕人在公園野餐、聊天◎弘大街道充滿年輕人的活力與藝術氣息夜店街甚至得排隊，氣氛超級火熱而發展起來的梨泰院，無論居民、商品、餐飲各色異國風采◎梨泰院的酒吧都有其特殊的氣氛，就算只是坐在店裡也會因為它的獨特之美◎梨花洞駱山公園一帶匯集眾多街頭藝術，壁畫、招牌或是老房子都值得一拍◎梨花洞壁畫劇人氣拍攝點◎找尋隱藏在壁畫村巷弄內的可愛圖畫像是尋寶闖關般，也為這趟旅程增添人的風景◎壁畫村坐落在住宅區內，記得不要大聲喧嘩，也不要遺留垃圾，還給當地居民的居

MOOK

首爾

City Target

contents

SeouJ\o

SINCE 7017

出發！首爾城市資訊

免簽證

韓國早已開放持台灣護照者90日以內的短期免簽優惠，因此到韓國遊玩時不需特別辦理簽證，直接持有效護照前往即可。

免簽證實施注意事項

對象：持有效台灣護照者(僅限護照上記載有身分證字號者)。

赴日目的：以觀光、商務、探親等短期停留目的赴韓(如以工作之目的赴韓者則不符合免簽證規定)。

停留期間：不超過90日期間。

出發入境地點：無特別規定。

首爾在哪裡？

首爾位於朝鮮半島的中部偏西北，北有北漢山、道峰山、冠岳山等天然屏障，中有南山橫互與漢江流經，形勢完固。首爾也是韓國政治、經濟、社會及文化的樞紐，全韓國有1/4的人口聚集在首爾市，齊集流行精品與潮物美妝，還有前朝遺留的舊城古跡。

K-ETA

自2022年11月01日起，針對可免簽入境之外國旅客實施電子旅行許可制度(K-ETA)，需於搭機前72小時以上至K-ETA官網完成線上申請，有效期為批准日起2年。申請費用需₩10,000。

🔗https://www.k-eta.go.kr/portal/apply/viewstep1.do

Q-CODE

需於抵達韓國前透過Q-CODE登錄申報所需文件，並將QR CODE畫面儲存或印出，提供檢疫單位掃描。以節省在機場通關等待時間。

🔗https://cov19ent.kdca.go.kr/cpassportal/biz/beffatstmnt/main.do?lang=en

---

城市氣候

首爾屬於溫帶季風氣候，四季分明。春季早晚溫差大，夏季受夏季風的影響，高溫多雨，秋季天氣乾爽晴朗，冬季比同緯度的其他城市寒冷，但降雪機率不大。春季(3~5月)會有梅花、木蘭花、迎春花、櫻花等陸續盛開；秋季(9~11月)樹葉紛紛轉紅，還有為數頗眾的銀杏樹黃葉繽紛，也是最美麗的季節。

航班資訊

仁川機場ICN，仁川市

☎02-1577-2600 🔗www.airport.kr

前往首爾，當然是以仁川及金浦兩座機場為主要門戶，從桃園機場出發飛行時間約2小時30分鐘，從小港場出發飛行時間約2小時55分鐘，以下介紹飛往這兩地的直航班機(唯後疫情時期航班資訊變動較大，實際班表仍以各航空公司公告為準)。

出發航空	桃園國際機場TPE	高雄小港機場KHH
中華航空	CI160每天出發 CI148週三、六出發 CI162每天出發	CI164每天出發
長榮航空	BR170每天出發 BR160每天出發	BR172每天出發
大韓航空	KE186每天出發	
韓亞航空	OZ712每天出發	
濟州航空	7C2602每天出發	
台灣虎航	IT600每天出發	
真航空	LJ82每天出發	
酷航	TR896週日、一、三、四、五出發	
德威航空		TW672每天出發

金浦機場GMP，首爾市

📞02-1661-2626

🌐www.airport.co.kr/gimpo/index.do

出發航空	台北松山機場TSA
中華航空	CI260週日、一、四出發
長榮航空	BR156週二、三、五、六出發
德威航空	TW668週日、一、三、五出發

駐韓國台北代表部

在韓國如果遭遇到任何問題與麻煩，如護照遺失、人身安全等，都可以與台北駐韓國台北代表部聯絡。

🚇5號線光化門站6號出口即達

📍首爾市鍾路區世宗大路149號6F；서울시 종로구 세종대로 149

🕐9:00~12:00、13:00~18:00

📞02-399-2780(一般)、010-9080-2761(緊急)

📠02-730-1294

換匯

韓幣對台幣的匯率約為1: 0.0295 (匯率隨時變動，僅供參考)。旅客可在台灣國內的銀行直接兌換到韓幣(匯率較不好)，或是在台灣國內銀行先兌換少部份韓幣(機場進入市區的交通費)，抵達韓國再兌換成韓幣，後者雖然比較麻煩，但匯率會好一些。

信用卡

在韓國使用信用卡相當普遍，許多店家甚至路邊攤都可接受信用卡付費。

電壓

有100V(兩孔插頭)和220V(圓型三孔插頭)兩種，目前以220V較多，仍建議攜帶變電器，以備不時之需。

郵件

可委託飯店櫃檯或到郵局辦理，不過飯店通常會收服務費。郵局的營業時間一般為9:00~18:00(11~2月為9:00~17:00)，週六為9:00~13:00。寄往台灣的名信片約為₩350，普通信件10公克以下₩480。郵遞時間約1週。

退稅手續

購物天堂韓國對外國旅客十分友善，一般購物商場甚至小型商店都會有退稅機制，只要購物滿₩30,000，就可以

填寫退稅單，等離境時再在機場辦理退稅。在樂天超市、Olive Young、部份美妝店家購物單筆₩30,000~未滿₩20萬可享現場扣除消費稅，即直接將退稅金額扣除在結帳金額中，現買現賺，精打細算的旅人們可別忽略了自己的權益。

機場自助電子退稅機KIOSK

自2014年開始，在仁川與金浦機場都備有自助電子退稅機(KIOSK)，機台提供多國語言，現場也有中文服務人員，只要把單據填妥收集好交給服務人員，他們就會直接幫你操作機器，讓你更快完成手續。

工作人員協助退稅服務
退稅機現場只要是工作人員服務時間，都有服務人員，將登機證提供檢查，再交護照和退稅單給他們，他們會協助操作機器。

◎**Step1**

只要在韓國同一家店購物超過₩30,000，結帳時跟櫃台說明要退稅(Tax Refund或Tax Free)並出示護照，店員在給你收據時也就會提供退稅單。

◎**Step2**

將退稅單與購物收據收齊，並填妥退稅單上的所需資料，如英文姓名、護照號碼、地址和簽名等。

◎**Step3**

前往機場辦理退稅，先至航空公司櫃台Check in (因為有登機證才能辦理退稅)，並將行李秤重和掛上行李條，但此時請注意：

(1)如果退稅單單張金額沒有超過₩75,000，此時可將行李直接交由櫃台拖運。
(2)如果超過₩75,000，要請櫃台將裝有退稅物品的行李還你，因為退稅時海關可能要檢查購買商品。

◎**Step4**

帶登機證、退稅單、護照、(行李)，前往機場第一航廈B、D、J、L區後方的自助電子退稅機器(第二航廈在D、E區)。

◎**Step5**

將每張退稅單登入，並同時掃描護照。

◎**Step6**

超過₩75,000的單張退稅單，需再至旁邊的海關蓋章，如沒超過就不用了。現場服務人員也會告訴你該怎麼做。

※如果已在市區辦理退稅，也要將退稅完畢的單據(同時帶著退稅商品備查)交給海關處才算完成手續。

◎**Step7**

以上步驟完成後，如有行李，就需將帶至海關旁的拖運行李處交付拖運。

◎**Step8**

準備安檢和辦理出境。

◎**Step9**

入關後，第一航廈至Gate28、第二航廈至Gate249或Gate253拿退稅金額，可選擇電子退稅機或人工櫃台。

(1)自助電子退稅機：同樣有會說中文的人員為你服務，只要將護照交給他們，之後即可領取現金；如果是自己操作，機器同時提供中文介面，只要掃描護照即可領取現金和明細。

(2)人工櫃台：將護照和單據交給櫃台，並告知想要領取的幣別(有韓幣、美金、人民幣)，也是當場領取現金和明細。但如果櫃台關閉(上班時間7:00~22:00)又不想使用退稅機，則需將單據上的信用卡資料填寫清楚，並投入櫃台旁的小信箱，1~2個月後就會將退稅金額退至信用卡內。

從機場進入市區

　　從仁川、金浦機場,都有不同的交通方式可以進入首爾市區。順利出關後,真正緊張的時刻終於到來。從機場怎麼到飯店?應該買什麼票會比較划算?在陌生的地方該怎麼找路?以下是由仁川機場或金浦機場出發的交通工具全剖析。

從仁川機場到市區

機場巴士

　　儘管速度不是最快、價格也不是最便宜,但因搭車處就在機場正門口、路線選擇眾多、班次密集、不必拖著行李多次上上下下等特點,機場巴士還是許多旅客前進首爾市區最常利用的交通工具。

　　機場巴士分成長途的高速巴士和前往仁川地區的市內巴士;而高速巴士又有一般巴士與豪華巴士兩種。如果都是前往首爾市區,票價會依距離長短而略有不同。例如首爾的江北地區,一般巴士票價在₩10,000上下,同路線的豪華巴士票價約₩15,000。差別是豪華巴士座位比較寬敞、坐起來更為舒適。

　　4、6、7、8、9、11、13號出口旁都有售票亭,可先買好票或車上購票,亦可以T Money直接感應。

Do YOU KnoW

韓國與台灣自動通關即起生效

自2018年6月起入境韓國時不用再花時間排隊等待入境囉!只要年滿17歲、在韓國境內勿不良紀錄,「入境」韓國後便能在韓國各機場的SES(Smart Entry Service)服務櫃台申請自動通關資格,申請後護照會貼上SES貼紙,獲得五年的使用資格(期限視護照年效),等出境或是下次入境韓國時就能直接使用自動通關功能。記得要「入境韓國後」到櫃台辦好通關資格才能使用,在未申請前入境都需要排隊等候。

SES自動通關機場服務地點:

仁川機場第一航廈:
Check-in櫃台區域(Zone G3F),7:00~19:00

仁川機場第二航廈:
One Stop Public ServiceZone(Immigration Aairs Center 2F),7:00~19:00

金浦機場:
Immigration Service Center 2樓,週一~五9:00~18:00

其他辦理地點及資訊可至網站查詢:
www.ses.go.kr/ses/SesCenterR_en.ses

機場快線A'REX

　　機場快線可至金浦機場(從這裡可以搭地鐵進入首爾市區)，終點站則是首爾火車站；第一航廈出發直達車最快抵達時間為43分，第二航廈出發直達車最快抵達時間為51分，班次間隔40分~1小時。

🌐www.airport.kr/ap_lp/ch/tpt/pblctpt/airtrainf/airtrainf.do(仁川國際機場)

🌐www.arex.or.kr(機場快線)

仁川機場第二航廈2018年正式啟用

仁川機場於2018年1月落成第二航廈，目前停靠第二航廈的航空公司有：中華航空、大韓航空、達美航空、荷蘭皇家航空、法國航空，其餘航空公司皆停靠仁川機場第一航廈。

◎第一、第二航廈來往Shuttle bus
第一與第二航廈設有免費的接駁車，班次間隔時間約5分，搭乘時間15~20分，搭乘地點如下：
第一航廈→第二航廈：第一航廈3樓8號出口前
第二航廈→第一航廈：第二航廈3樓4、5號出口前

◎時間表及購買地點

	第一航廈→首爾站	第二航廈→首爾站
首班車	5:23(直達列車) 5:25(普通列車)	5:15(直達列車) 5:18(普通列車)
末班車	22:48(直達列車) 23:39(普通列車)	22:40(直達列車) 23:32(普通列車)
搭乘時間	43分	50分
購買地點	第一航廈地下1樓交通中心	第二航廈旅客服務中心

◎機場快線圖

仁川國際機場第二航廈	仁川國際機場第一航廈	機場貨物廳舍	雲西	永宗	青羅國際城	黔巖	桂陽	金浦機場	數碼媒體城	弘大入口	孔德	首爾火車站
							仁川一號線	5號線 9號線	6號線 京義線	2號線 京義線	5號線 6號線 京義線	KTX 1號線 4號線 京義線

機場線直達列車及普通列車分段票價

◎直達列車(第一、二航廈⇄首爾站)：成人₩9,000，兒童₩7,000

◎普通列車：

站名	機場貨物辦公室	雲西站	永宗站	青羅國際城站	黔巖站	桂陽站	金浦機場站	數碼媒體城站	弘大入口站	孔德站	首爾火車站
第一航廈	900 (4分)	900 (8分)	1,000 (11分)	2,300 (19分)	2,600 (23分)	3,250 (29分)	3,750 (36分)	3,950 (45分)	4,050 (49分)	4,050 (52分)	4,150 (58分)
第二航廈	900 (11分)	1,500 (15分)	1,600 (18分)	2,900 (27分)	3,200 (31分)	3,850 (37分)	4,350 (44分)	4,550 (54分)	4,650 (58分)	4,650 (62分)	4,750 (66分)

❶以上票價為韓幣，()為搭乘時間
第一航廈⇄第二航廈₩900，所需6分

◎儲值相關韓文
請幫我儲值(T Money)。
충전 해주세요.
chung-jon hae-ju-sae-yo.
機場講英文也通！
Recharge, please.

在機場就可以買張T Money

T Money類似台北的悠遊卡，用它在市區搭交通工具超好用，如果你本來就要買T Money，那不如在機場就先買先用，因為在機場搭機場巴士、機場快線的普通列車和計程車都可以使用。T Money在機場出境大廳的便利超商就可以買得到。

Do YOU KnoW

直達車與非直達車不一樣哦！

機場快線分直達列車與普通列車兩種，直達列車中途不停站，車程約43分鐘，成人票價₩9,500、兒童票價₩7,500），3人以上可享團體優惠票價₩7,500；非直達的普通列車中途會停靠數站，票價按距離長短計費，抵達首爾火車站約1小時。用T Money付費可搭乘普通列車，直達列車須另外購票。

直達和非直達列車搭乘處都在航站樓的地下1樓，但不同邊。

交通選擇指標

	機場鐵道 A'REX	機場巴士	計程車
行李又多又重	✕	○	○
只要便宜就好	○	△	✕
只要輕鬆就好	△	△	○
沒時間，要快點	○	△	△

○＝適合　△＝還可以　✕＝不適合

計程車

第一廈航入境大廳4~8號出口、第二航廈入境大廳1、3~5號出口前方有計程車招呼站，韓國的計程車分為一般計程車、模範計程車和大型計程車3種，一般計程車顏色有銀色、白色或是橘紅色，模範計程車則為黑色。3種計程車的搭乘費用不同，一般計程車在2公里的基本費用為₩3,800，大型計程車和模範計程車則是₩6,500，因此搭乘一般計程車比較划算。搭乘模範計程車到市區約為₩70,000~95,000。搭乘一般計程車約₩95,000~130,000，需另收高速公路過路費₩8,000，24:00~凌晨4:00加收20%深夜附加費。

從金浦機場進入市區

地鐵

金浦機場與地鐵5號及9號線相連，是往返首爾市區最方便的方式，可使用T Money。從入境大廳搭乘手扶梯至B3F，往首爾市區方向的地鐵5號及9號線、機場快線月台都位於此。如要往地鐵5號線傍花站則前往B2F，往機場快線仁川機場站及地鐵9號線開花站則前往B4F搭乘。而B1F則是連接國內及國際線航廈、LOTTE MALL、emart的地下通道，回程時不妨逛逛。

網路Sim卡或WIFI機租借

對於現在人手一機的時代，走到哪裡都要有網路才行，來到韓國可以選擇購買SIM卡或是租借WIFI機。韓國當地電信公司KT olleh、LG U+、SK telecom皆有推出SIM卡及WIFI機服務，建議行前可至網站預約SIM卡列印租借憑據，到機場後可以馬上領卡，減少等待時間。

機場巴士

前往首爾地區可搭乘長途的高速巴士和市內巴士，票價會依距離長短而略有不同。例如前往首爾的江北地區，高速巴士票價在₩7,000上下，市內巴士票價在₩1,200上下，差別在於前者座位比較寬敞、坐起來更為舒適。於入境大廳出口前的乘車處搭乘，高速巴士在6號乘車處、市內巴士在4號乘車處，可先買好票或車上購票，亦可以T Money直接感應。

機場快線A'REX

往首爾市區方向的機場快線位於入境大廳B3F，至弘大入口站約14分鐘，₩1,350；至首爾火車站約22分鐘，₩1,450，可使用T Money。如果住宿在弘大附近，機場快線會是很棒的選擇。路線圖詳見P.008。

計程車

入境大廳6與8號出口前方有計程車招呼站，種類及搭乘費用見P.015。

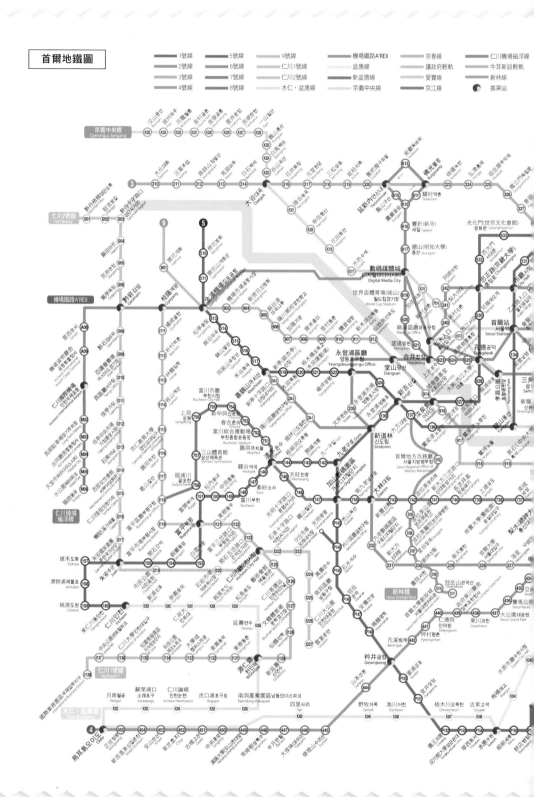

首爾地鐵圖

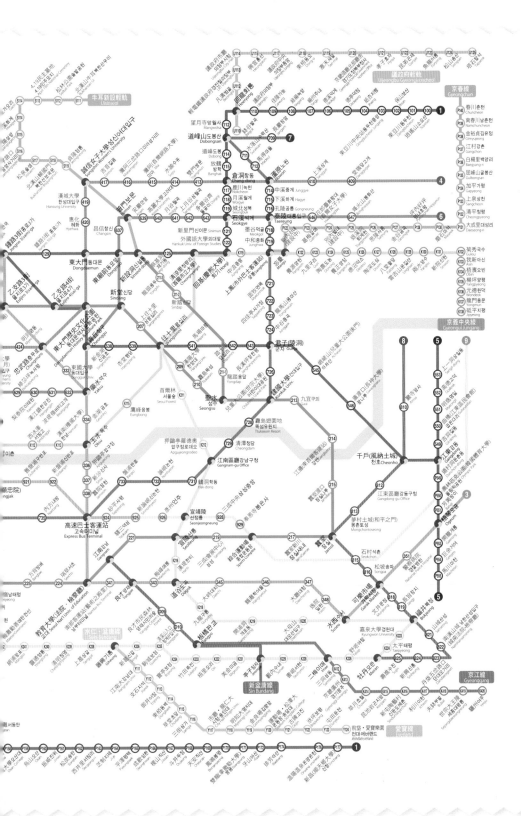

首爾市區交通

地鐵

地鐵無疑是遊歷首爾最重要的交通工具。

首爾的地下鐵系統發展得很早,而地鐵網路也遍布首爾都會圈裡的每個角落,幾乎各大觀光景點都從地鐵站就走得到。

首爾的地鐵從早上5:30左右就開始運行,一直到半夜24:00左右才收班,班次頻繁,約2到3分鐘就有一班車,十分方便。

除了幾乎隨時都有車坐的便利性之外,現在首爾地鐵都會在站名標上漢字,而各大轉運車站也會有韓、日、中、英4種語言的廣播,完全不用害怕語言不通的問題。

地鐵路線大解析

首爾的地鐵交織得密密麻麻,目前共分為1到9號線,分屬4家不同公司經營,另外還銜接京義中央線、京春線、盆唐線、新盆唐線、仁川1、2號線、機場快線、水仁線、仁川機場磁懸浮線、龍仁輕電鐵、議政府輕電鐵等不是數字編號、歸屬於鐵道火車的路線。

如何解讀地鐵站

每個地鐵站,都會以韓、英、中文清楚標示出站名,站名上方都會有一個圓圈圈,圈內寫著3位數字,這數字就是這個地鐵站的代號,而圓圈圈的顏色,會與地鐵線在地圖上看到的顏色一致。

以「202」乙支路入口站為例,第一個數字「2」表示這是2號線,後面兩個數字「02」則是它在2號線上的編號;因為2號線一律以綠色顯示,所以圓圈圈是綠色。

如果某個地鐵站的標識上有2個包含3位數字的圓圈相連,則表示這個站有兩條地鐵線交會,圓圈裡面的數字都是同一個地鐵站的代號;如果有3個圓圈相連,表示它有3條地鐵線,以此類推。

票價

可以T Money或現金付費。

車資	交通卡	現金
成人(19歲以上)	₩1,250	₩1,350
青少年(13~18歲)	₩720	₩1,350
兒童(7~12歲)	₩450	₩450

註:10km以內₩1,250;10~50km每5km加收₩100;超過50km每8km加收₩100

搭乘地鐵

弄懂首爾的地鐵分布,了解出發地與目的地後,就是真正的搭乘地鐵了。建議搭車時一定要記得帶一份地鐵圖,即使看不懂韓文、聽不懂韓文也沒關係,只要了解基本的乘車概念再憑著手中的地鐵圖,就能準確抓出轉車站與目的站,不再浪費寶貴的旅遊時間在坐過站或是下錯站的窘境中。

STEP❶由有綠色箭頭的驗票口進入。

STEP❷不管是一次性單程票還是T Money卡都是屬於感應票卡,只需在驗票口感應處輕觸一下即可入站。

STEP❸依照標示找到要搭乘的路線方向及月台。

STEP❹依照月台地上指標排隊上車，通常電車靠站後，候車的乘客會靠車門兩邊站立排列，讓乘客先下車再上車。

STEP❻若要轉乘，依照標示「換乘」字樣前往轉乘月台。首爾地鐵的路線標示都會用漢字、英文寫得非常清楚，極少會有找不到的情況發生。

STEP❺首爾地鐵車廂會有路線圖，還會以LED燈標示出所在車站。選擇路線圖附近的坐位，抬頭看一下就知道列車行進至何處。

STEP❼使用單程票的人出站後別忘了退卡取錢。購票時有多付₩500保證金，出站後找到退幣機即可退錢。

STEP❽依目的地找尋正確出口。

新村站，2號線？京義‧中央線？

基本上在首爾搭地鐵是很簡單的，車站內的指標皆有清楚的英文及中文翻譯，且大多都是站內換線轉乘，在多條線路當中，只有一個站需要多加留意，即是「新村站」(신촌역)。新村站分別在2號線及京義‧中央線，從站名上會讓人誤會在同一站，但實際上兩站相隔步行15分的距離，其中無轉乘連接道路，需要出站轉乘。基本上大多遊客會使用到的是2號線上的新村站，在計劃搭車路線時一定要多加留意。

公車

首爾市區公車大致有藍色、綠色、黃色、紅色等4種，藍色公車通常連接首爾市中心區和郊外，編號為3位數，屬於幹線公車；綠色公車多屬在有限範圍內循環的支線公車，與地鐵換乘非常方便，大型車編號4位數，2位數的小型車車費比較便宜；黃色公車在首爾中心地區有限範圍內循環，編號為2位數；紅色多屬於廣域公車，連接首爾中心地區與郊外，編號為4位數，車費較貴。

公車路線查詢

首爾市政府有提供公車路線圖，可以輸入出發地和目的地，查詢應該搭乘哪幾線公車；也可以直接鍵入公車的號碼，來查詢這班公車的行駛路線。

不過，畢竟是韓國人設計的地圖，以韓文系統為主，和我們的想法不太一樣，所以使用上會有許多限制，例如輸入中文地名，不一定會出現我們預期的結果。經實際使用過後，發現最適合中文系統使用的辦法：先輸入出發地名，再找出發地可運用的公車路線。

🌐bus.go.kr/main.jsp

如何搭乘公車

首爾的公車都是從前門上車、從後門下車。上車後記得往車後走，不要站在靠近前車門的地方，否則有可能被司機責罵。

搭乘公車Step by Step

STEP❶尋找站牌
將要前往的目的地韓文字先寫在紙上或紀錄於手機中，利用APP搜尋附近站牌，每個公車站牌都有專屬的ID，APP上都會顯示站牌ID，不懂韓文的人可以確認ID號碼。

STEP❷公車進站
在韓國等公車不用像台灣需要招手停車，基本上在候車亭等時公車都會停下來，如果擔心也可舉手示意。

搭乘公車手指韓文
- 公車 버스 beo-seu
- 站牌 정류장 jeong-ryu-jang
- 本站是 ＿＿＿。
  이번 정류장은 ＿＿＿ 입니다.
  i-beon jeong-nyu-jang-eun ＿＿＿ ip-ni-da.
- 下一站是 ＿＿＿。
  다음 정류장은 ＿＿＿ 입니다.
  da-eum jeong-nyu-jang-eun ＿＿＿ ip-ni-da.

公車內禁止攜帶食物
首爾市從2018年4月起禁止攜帶未包裝妥善、有濃厚氣味的食物、外帶咖啡杯飲料也不能攜帶，如果違反規定公車司機有權利可以拒載。

STEP❸上車嗶卡或投現金
從前門上車找標有「T」字樣的機器嗶卡，或是準備千元鈔投入投幣機。

STEP❺到站按鈴及嗶卡
和台灣一樣，到站前按鈴、從後門下車。如上車是使用交通卡的人記得下車要再嗶一次卡。

STEP❹看板顯示下車站名
公車前方會有看板顯示車站名，大多都是韓文字，少數路線會提供英文，也有廣播此站車站名及下一站車站名。不諳韓文的話不妨全程開啟手機APP定位，確認公車方向及下車站牌的距離。

Do YOU KnoW
地鐵＋公車的轉乘優惠

在首爾，地鐵＋公車，或是公車＋公車轉乘時，半小時內搭車可享有免費的轉乘優惠。另外如首爾地鐵9號線等部分路線為同站於站外轉乘，則適用轉乘優惠。搭乘公車時需上下車皆感應T Money方可享有轉乘優惠。

票價

同樣可以T Money或現金付費，公車上投幣機不接受₩5,000和₩10,000紙鈔。

公車種類	成人		青少年 (13~18歲)		兒童 (6~12歲)
	交通卡	現金	交通卡	現金	交通卡／現金
藍色公車 (幹線公車、支線公車)	₩1,200	₩1,300	₩720	₩1,000	₩450
綠色小巴 (社區公車)	₩900 ₩1,000		₩480	₩550	₩300
黃色公車 (循環公車)	₩1,100	₩1,200	₩560	₩800	₩350
紅色公車 (廣域公車)	₩2,300	₩2,400	₩1,360	₩1,800	₩1,200
深夜公車	₩2,150	₩2,250	₩1,360	₩1,800	₩1,200

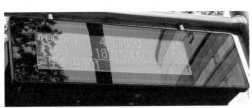

 搭計程車時這樣說

如不諳韓文建議行前可將住宿地的「韓文地址」抄下，搭車時直接拿給司機看；抵達住宿地時也別忘了拿張「名片」備用。

請帶我到＿＿＿。
＿＿＿까지 가주세요.
＿＿＿kka-ji ka-ju-se-yo.

請讓我在這裡下車。
여기서 내려 주세요.
yeo-gi-so nae-ryeo ju-se-yo.

請給我收據。
영수증 주세요.
yeoung-su-jeung ju-se-yo.

請打開後車廂。
트렁크를 열러 주세요.
te-long-ke-rel yol-lo ju-se-yo.

謝謝。
감사합니다.
Gam-sa-hap-ni-da.

計程車

台灣的計程車統一為黃色，但是韓國的計程車不是黃色的，而是有銀色、白色、橘紅色等一般計程車，黑色的模範計程車。

費用

費用	一般計程車：基本₩3,000、追加費用(距離)₩100/142m(時間)₩100/35秒 模範計程車：基本₩5,000、追加費用(距離)₩200/164m(時間)₩200/39秒 ※凌晨00:00~4:00增加20%，如經過收費路段會由乘客支付
支付方式	現金(部份計程車可以使用T Money和信用卡)

首爾城市觀光公車

　　首爾城市觀光巴士(Seoul City Tour Bus)是針對國際觀光客而特別設計的觀光巴士，每天有固定的班次，分為單層巴士、雙層巴士，四條路線市中心·古宮、首爾全景、江南循環路線、夜景路線。旅客買了車票之後，可以在一天之中隨時上車、隨時下車。

售票處／搭乘地點

　　地鐵5號線光化門站6號出口，東和免稅店前。

付費方式

　　於售票處購買車票，可用現金、信用卡，或是上巴士後使用T Money結帳。

公休日

　　每週一，遇假日正常營運。

路線、行經景點與票價

路線	行經景點	票價
市中心·古宮路線(9:00~20:00，全程約2小時)	光化門、德壽宮、南大門市場、首爾站、梨泰院、明洞、南山谷韓屋村、南山N首爾塔、東大門設計廣場、昌慶宮、仁寺洞、景福宮、光化門	成人₩18,000，學生₩12,000
首爾全景路線(9:30~17:00，全程約2小時)	光化門、明洞、南山纜車、江南站(換乘站)、三島、63大廈·漢江遊船、弘益大學、新村·梨花女子大學、首爾歷史博物館	成人₩18,000，學生₩12,000
江南循環路線(10:20~17:20，全程約1小時25分)	江南站(出發)、COEX、樂天世界、樂天世界塔、奧林匹克公園、韓流明星街K-STAR ROAD、狎鷗亭羅德奧街、新沙洞林蔭道、三島、瑞來村、江南站(終點)	成人₩12,000，學生₩10,000
夜間觀光路線(19:30)	光化門、麻浦大橋、西江大橋、盤浦大橋、三島、銅雀大橋、聖水大橋、漢南大橋、南山N首爾塔、南大門市場、清溪廣場	成人₩15,000，學生₩9,000

快速瀏覽首爾必做清單

來首爾買韓妝、韓貨一定要,火紅香辣的韓式料理更不能錯過,這份清單讓你快速瀏覽首爾的城市魅力,深入探尋好玩的地方、一起走進更在地的景點,或是連當地人都不知曉的SECRET SPOT。

四季美景

韓國的四季為市容著上不同的色彩，春櫻、秋楓也讓人有造訪韓國最「美」的理由。

虞美人

接近夏季的5、6月是「虞美人」的盛開期。

哪裡看➡富川上洞湖水公園부천상동호수공원（京畿道）

🏠 富川市 遠美區 Jomaru路15；부천시 원미구 조마루로 15

春天

由3月底開始的櫻花季打頭陣，迎來春天的小黃花迎春花，一直到5月的杜鵑花，百花齊放的首爾充滿春意。

櫻花

約4月前2週開始盛開的櫻花，是在首爾限定的花季美景。

哪裡看➡石村湖水公園석촌호수공원（蠶室）

🏠松坡區三學士路136；송파구 삼학사로 136

杜鵑花

每逢春季杜鵑花會在韓國各地全面盛開。

哪裡看➡軍浦躑躅花園군포철쭉동산（京畿道）

🏠軍浦市山本洞1152-10(躑躅花園)；군포시 산본동 1152-10(철쭉동산)

迎春花

4月初迎春花將山頭染成鮮豔的黃色，遠觀近看都有不同魅力。

哪裡看➡鷹峰山응봉산（往十里）

🏠城東區鷹峰洞鷹峰山；성동구 응봉동 응봉산

夏天

炎熱天氣在百貨、咖啡廳吹冷氣避暑，在漢江畔舉行的夜晚市集與月光噴泉也深受好評！

夜市

夏季限定市集，在漢江河畔、東大門DDP或是清溪川廣場都可參加。

哪裡看➡首爾夜貓子夜市서울밤도깨비 야시장（汝矣島）

🏠永登浦區汝矣島路330；영등포구 여의동로 330

夜光噴泉

屬於漢江河畔夜晚的浪漫，能欣賞夜間專屬的彩色燈光噴泉秀。

哪裡看➡盤浦大橋月光彩虹噴泉반포대교 달빛무지개분수（新盤浦）

🏠瑞草區新盤浦路11街40；서초구 신반포로11길40

秋天

進入9月馬上能感受到秋高氣爽的溫度,適合出外旅遊的天氣,秋天的首爾有怎樣的美景呢?

楓葉

楓葉是秋天裡最美的景色,萬里無雲的天空映照下更顯浪漫氛圍。
哪裡看➡晨靜樹木園아침고요수목원 **(京畿道)**
🏠永登浦區汝矣島路330;영등포구 여의동로330

波斯菊

一起來尋找盛開於9、10月的可愛波斯菊。
哪 裡 看➡奧 林 匹克公園올림픽공원 **(松坡)**
🏠松坡區奧林匹克路424;송파구 올림픽로 424

銀杏

紅葉與轉成金黃的銀杏,比冬季的雪景更添詩意。
哪裡看➡南怡島남이섬 **(江原道)**
🏠春川市南山面南怡島街1;춘천시 남산면 남이섬길1

冬天

在寒冷的冬季,首爾市區及近郊都有美麗的冬季童話登場!

滑雪

想親眼見到雪景不妨將腳步踏往郊外,順便體驗世界級滑雪場地。
哪裡看➡Alpensia渡假村알펜시아 리조트 **(江原道)**
🏠平昌郡大關嶺面率峰路325;강원도 평창군 대관령면 솔봉로 325

浪漫燈海

美麗的七彩燈飾是專屬冬季裡的限定絕景。
哪裡看➡抱川香草島樂園포천허브아일랜드 **(京畿道)**
🏠抱川市新北面青新路947街35;포천시 신북면 청신로 947번길 35

首爾必做清單2

🍴 韓式料理

豬五花、泡菜、韓式炸雞、豬腳、辣炒年糕、人蔘雞，為你送上道道精選韓式美食！

麵食類

韓國的麵食類菜色超豐富，韓語說法是「분식」(bun-shik)音同粉食，一起來大口吃遍美味粉食料理！

辣炒年糕

大街小巷都可見辣椒醬炒年糕，是韓國人最愛的小吃。

哪裡吃➜馬福林婆婆辣炒年糕마복림 할머니 떡볶이（東大門）

📍中區茶山路35街5；중구 다산로35길 5

飯類

飯類在韓國也發展出不同的吃法，種類也不止白飯，更有健康的糙米、紫米，或在米飯中加入豆類烹煮。

拌飯

在大碗裡放進白飯、肉類、蕈菇、野菜，再加入香油及辣椒醬，攪拌後就可開動。

哪裡吃➜仁寺洞那家店인사동그집（仁寺洞）

📍鍾路區仁寺洞12街3；종로구인사동12길 3

紫菜飯捲

海苔上放著拌好香油的米飯，夾入醃黃蘿蔔、泡菜、火腿，捲好後切片食用。

哪裡吃➜忠武飯捲충무김밥（明洞）

📍中區明洞10街16；중구 명동10길16

拉麵

最具代表性的韓國拉麵，內行人吃飯要再配上飯捲！

哪裡吃➜想吃拉麵的日子라면땡기는날（三清洞）

📍粟谷路3街82；종로구 율곡로3길82

烤肉

　　來韓國怎能錯過烤肉店！烤豬五花是基本款，韓國人吃烤肉時一定要搭配燒酒，炒熱氣氛外更能解膩、吃更多！

烤韓牛
韓國料理中的最高級食材，最後再來一碗冷麵最爽快！
哪裡吃➡DOMA韓牛烤排骨專賣店도마（弘大）
📍麻浦區楊花路16街33；마포구 양화로16길 33

烤豬五花
豬肉烤得滋滋作響，配上生菜送入嘴裡，肥而不膩讓人一口接一口。
哪裡吃➡烤肉村구이마을（新村）
📍西大門區滄川洞57-6；서대문구 창천동 57-6

烤腸
口感香脆有嚼勁，吃法和烤豬五花一樣，可單吃也能包著生菜及沾醬吃。
哪裡吃➡九孔炭烤腸구공탄곱창（弘大）
📍麻浦區楊花路6街77；마포구 양화로6길 77

鍋類

不管天氣冷熱來上一鍋熱騰騰的湯就是開胃，韓國人宿醉時早上便會用一碗熱湯來開胃、醒醒腦。

部隊鍋
發明自韓國部隊的美味，加入肉類、蔬菜的湯底香辣開胃，讓人欲罷不能！
哪裡吃➡吃休付走먹쉬돈나（三清洞）
🚇鍾路區栗谷路3街74-7；종로구 율곡로3길 74-7

解酒湯
最常見的有排骨解酒湯，或是清爽的豆芽解酒湯。
哪裡吃➡南山湯飯남산찌개（弘大）
🚇麻浦區獨幕路3街8；마포구 독막로3길 8

馬鈴薯排骨湯
加入馬鈴薯及紫蘇、茼蒿、金針菇、泡菜、冬粉等，口味鹹香開胃。
哪裡吃➡洪班長홍반장（弘大）
🚇麻浦區東橋路213；마포구 동교로 213

海鮮

除了大口吃烤肉外，還有活跳跳的海鮮，韓國也有獨道的料理方法！

辣炒章魚
嗜辣者決不能錯過！香辣口味讓人一口接一口，與白飯更是絕配！
哪裡吃➡BLUES辣炒章魚쭈꾸미블루스（新村）
🚇麻浦區白凡路1街21；마포구 백범로1길 21

雞肉料理

日常生活裡最常見也最便宜的就屬雞肉料理，百變的烹煮方式更是品嚐雞肉的最佳時機！

人蔘雞湯
紅棗、人參、糯米、大蒜等材料填進童子雞，放進陶鍋中熬煮，是夏天最佳補品。
哪裡吃➡土俗村人蔘雞湯토속촌 삼계탕（景福宮）
🏠鍾路區紫霞門路5街5；종로구 자하문 로 5 길 5

辣炒雞排
醃製雞肉和高麗菜、大蔥、米糕、蕃薯條放進鍋中拌炒，甜辣醬汁超開胃！
哪裡吃➡柳家辣炒雞排유가네（明洞）
🏠中區明洞10街13；중구 명동10길 13

炸雞
外酥內嫩的原味或調味炸雞，再配上冰涼啤酒是「基本配備」。
哪裡吃➡KyoChon橋村炸雞교촌치킨（弘大）
🏠麻浦區楊花路16街6；마포구 양화로16길 6

一隻雞
土雞丟入原味雞湯加入大量的蔥、蒜，肉質極其細嫩又帶著彈牙嚼勁。
哪裡吃➡陳玉華奶奶一隻雞진옥화할매원조닭한마리（東大門）
🏠鍾路區鍾路40路街18；종로구 종로40 길 18

燉雞
鮮嫩雞肉加入香辣醬料、切片馬鈴薯、紅蘿蔔及寬冬粉，超有飽足感！
哪裡吃➡鳳雛燉雞봉추찜닭（明洞）
🏠中區明洞8街47 2F；중구 명동8나길 47 2F

打卡甜點

收集首爾最可愛且特色獨具的打卡甜點小店，不管是視覺或是味覺都是100分！

DEWEET 듀윗

📍麻浦區東橋路242-5；마포구 동교로 242-5
🕐12:00~23:00 💰蛋糕₩5,000起

　　小小的店面以白色為基調，有些復古氛圍但又恰到好處，蛋糕櫃在深夜時分已剩不多，喜歡選擇多樣的話需要早點來享用。伯爵蛋糕吃得到伯爵茶香氣，蒙布朗甜而不膩，搭配咖啡剛剛好。

必吃
伯爵蛋糕

雪冰 설빙

📍西大門區延世路23 2F；서대문구 연세로 23 2F
🕐11:00~23:30 💰冰品₩7,000起

　　位在新村最熱鬧交叉口建築物2樓的雪冰，以依每個季節推出的冰品最為知名，各式新鮮水果製成的剉品更是打卡名品。坐在2樓的落地窗座位，邊吃冰邊看樓下來往的人潮頗為愜意。

必吃
季節剉冰

必吃
竹葉蒸麵包

溫Kafé 카페온

📍首爾市鍾路區敦化門路11街17；서울 종로구 돈화문로 11다길 17 ☎02-741-5733 🕐12:00~22:00 💰葡萄柚果茶₩9,000、竹葉蒸麵包₩7,000

　　充滿復古情懷的益善洞聚集了許多充滿特色的麵包和甜點店，以韓屋改建的「溫 Kafé」以店門口的大釜鍋為賣點，結合韓風元素創造出竹葉蒸麵包、釜燒乳酪蛋糕等別出心裁的早午餐。採納天光的寬闊中庭設計為飲料吧檯，格局相當開闊舒適，不僅味道特別，拍照打卡也格外搶眼。

必吃
千層派

GORDES

📍西大門區名物街42；서대문구 명물길 42
🕐8:00~22:30 💰千層派(밀푀유)₩6,500

　　在新村延世路尾端的這棟2層白色建築，是新村一帶相當好吃的麵包店，1樓滿滿的麵包任你挑選，蛋糕櫃裡的生日蛋糕和切塊蛋糕也非常誘人，推薦這裡的水果塔和千層派。

Café Onion安國

카페 어니언 안국

📍首爾市鍾路區桂洞街5；서울 종로구 계동길 5 ☎0507-1424-2123 🕐7:00~22:00，週末、假日9:00~22:00 💲拿鐵(카페 라떼)₩5,500、麵包類₩5,500起

　　本店在聖水洞的人氣咖啡店「Onion」進駐北村！三號店選址在鄰近北屋韓屋村的安國站旁，隱藏巷弄裡的傳統韓屋醞釀著其他地方所沒有的優雅氣氛。將古老韓屋改建成半開放式的咖啡烘焙坊，內裝保持一貫的風格，沒有經過太多裝飾和整理，來這裡的旅人可以很隨意地席地而坐，享受手沖咖啡和麵包香，開啟晨型人的一天。

必吃
糖粉麵包

必吃
舒芙雷

咖啡楊貴妃 카페양귀비

📍東大門區里門路9街8號；동대문구 이문로9길 8 🕐10:00~22:00 (每週一為12:00開始營業) 💲舒芙蕾₩9,900，生草莓拿鐵₩5,000

　　位在慶熙大學的咖啡楊貴妃以舒芙雷而聞名，從門口的營業時間表到點餐區的menu板都能看見老闆親手提筆寫的毛筆字體，盡是懷舊的復古風格，店內清一色都是女性顧客，為了一嚐美味的舒芙雷，幾乎每桌都會點上一份。

古巢云 고소운

📍東大門區徽慶路2街4號B1F；동대문구 휘경로2길4 지하 1층 🕐11:30~22:00(最後點餐時間為21:15) 💲鬆餅₩8,900~9,900

　　位於外大站的古巢云，店內以復古風為主打，販售美式鬆餅，口味有舒芙蕾、莓果、Nutella巧克力、綠茶等，價格與美味都完美兼顧到！

必吃
美式鬆餅

必吃
黑糖餅

三味黑糖餅 삼맛호오떡

📍城東區舞鶴峰16街26；성동구 무학봉16길 26 🕐13:00~22:00 🈺週一 💲黑糖餅₩1,000起

　　以韓國傳統街頭小吃黑糖餅為招牌的「三味黑糖餅」，其三味代表創店的3種口味紅豆、起司以及蜂蜜堅果，除了原始的口味還開發冰淇淋黑糖餅，冷熱的口感新奇又美味。

首爾必做清單4

😊 樂園
LET'S GO !

兒童大公園
서울어린이대공원

往這裡➡兒童大公園站

🏠廣津區陵洞路陵洞路216；광진구 능동로 216　🕐兒童大公園：5:00~22:00；趣味國度(재미나라)：平日10:00~17:00、週末10:00~18:00；動物國度(동물나라)：10:00~17:00(視天氣調整時間)；自然國度(자연나라)：10:00~17:00；音樂噴泉：4~10月，表演30分鐘(音樂噴泉20分鐘，一般噴泉10分鐘)，平日12:00~20:00(演出6回)，週末10:00~20:00(演出10回)；彩虹噴泉：4~10，每小時表演50分鐘　🈳音樂噴泉及彩虹噴泉每週二和國定假日停止表演　💲公園入園免費；動物表演場成人₩7,000、兒童₩5,500；趣味國度一回券成人₩5,000、青少年₩4,000、兒童₩3,500、五回券成人₩19,000、青少年₩16,000、兒童₩16,000、自由使用券成人₩28,000、青少年₩25,000、兒童₩25,000　🌐www.sisul.or.kr/open_content/childrenpark/

　　結合動物園、植物園、遊樂園等場地和設施的兒童大公園，是首爾市內最大的兒童遊樂公園，絕對堪稱是小孩子的歡樂天堂，其中除了遊樂園、公演門票需要付費之外，其他設施都是免費參觀。

龍馬公園 용마랜드

往這裡➡忘憂站

🏠中浪區忘憂路70街118；중랑구 망우로70길 118　🕐10:00~18:00　💲₩5,000

　　像是荒廢遊樂區的龍馬樂園，自從好幾組韓星來此拍攝MV，也有韓劇來此取景之後，搖身一變成為韓妞和情侶最愛拍照的好所在。靜止不動的旋轉木馬、海盜船和飛椅，在照片中依然保有歡樂氣氛，怎麼拍都相當有fu。

公仔迷絕不能錯過！「Figure Museum W」

🏠江南區宣陵路158街3；강남구 선릉로158길 3　🕐11:00~19:00　🈳週一、元旦、春節、中秋節　💲門票20歲以上₩15,000、14~19歲₩13,500、4~13歲₩12,000　🌐figuremuseumw.co.kr

位在狎鷗亭羅德奧站4號出口的「Figure Museum W」是以玩具為主題的展覽館，外觀三面利用7萬個LED照明，營造出充滿現代感的視覺畫面，館內可分為6層樓，有玩具的互動區、販賣區、玩具展覽區，館內搜集超過千樣來自美國、日本知名玩具公仔。

愛寶樂園 에버랜드

往這裡➡愛寶樂園站

🏠京畿道龍仁市蒲谷面愛寶樂園路199；경기도 용인시 처인구 포곡읍에버랜드로199 🕐週一~三10:00~22:00、週四~日9:30~22:00；加勒比海灣水世界室內週一~五10:00~18:00、週六~日9:30~18:00，室內11:00~16:00、週六~日10:00~17:00(依季節而異，請先上網確認) 💲愛寶樂園平日全票₩46,000、優待票₩36,000，週末及特定假日全票₩50,000~64,000、優待票₩40,000~51,000；加勒比海灣水世界8/28~10/9全天全票₩50,000、優待票₩39,000，14:30後入場全票₩42,000、優待票₩33,000；10/11~3/31全天全票₩40,000、優待票₩31,000，14:30後入場全票₩34,000、優待票₩26,000(依季節而異，請先上網確認) 🌐www.everland.com

占地達133萬平方公尺的愛寶樂園，分成含有遊園地和動物園的「歡樂世界」(Festival World)，集結各種水上活動的「加勒比海灣水世界」(Caribbean Bay)，和擁有全長2,124公尺競賽跑道的「愛寶樂園賽車場」等3大遊樂場，遊樂設施含跨室內和室外等多樣化的設備，集結各種遊樂器材。

首爾樂園
Seoul land / 서울랜드

往這裡➡大公園站

🏠京畿道果川市光明路181；경기도 과천시 광명로 181 💲1日通票₩49,000，16:00後₩42,000 🕐冬季(11~3月)約9:30~18:00，夏季(4~10月)約9:30~20:00(7月中~9月底週六、日9:30~22:00) 🌐seoulland.co.kr ❗大象列車運行時間為9:00~首爾樂園閉園後15分，價格全票₩1,000、優待票₩700~800

首爾樂園位在首爾大公園旁，樂園內以「世界廣場」、「冒險王國」、「未來國度」、「三千裏樂園」等5個主題組成，面積達10萬多坪的樂園內，有50多種刺激好玩的遊樂設施，以及冒險館、電影館、傳說的國度等互動設施。

抱川香草島樂園
포천허브아일랜드

往這裡➡逍遙山站

🏠京畿道抱川市新北面青新路947街35；경기도 포천시 신북면 청신로947번길 35 🕐5~10月9:00~22:00、週六和國定假日9:00~23:00，11~4月9:00~22:00、週六和國定假日9:00~23:00 💲全票₩9,000、優待票₩7,000 🌐www.herbisland.co.kr

位在京畿道抱川市的香草島樂園，是韓國最大規模的室內香草植物園，園區裡有上百種香草植物、戶外庭園、香草博物館與生活香草展示館，以及香草餐廳、咖啡館、香草禮品店，夜間的五彩燈光使薰衣草花海搖身一變，美不勝收。

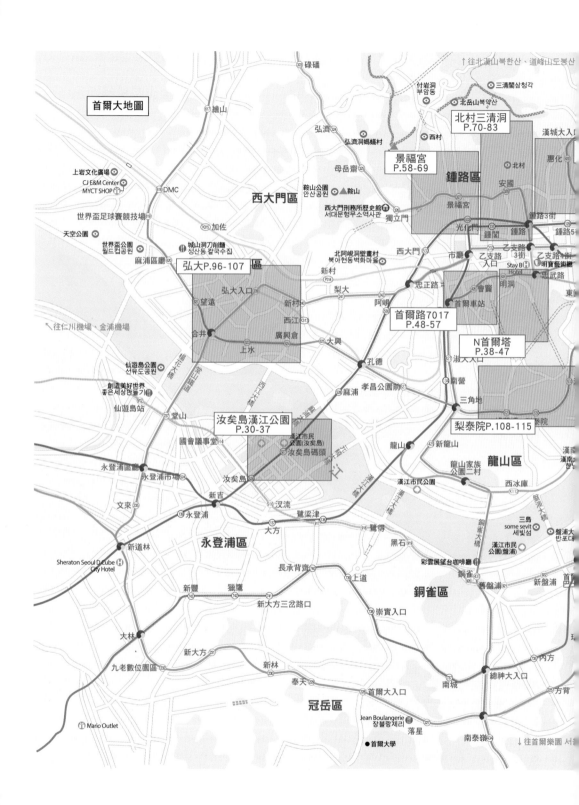

首爾大地圖

北村三清洞
P.70-83

景福宮
P.58-69

弘大P.96-107

首爾路7017
P.48-57

N首爾塔
P.38-47

汝矣島漢江公園
P.30-37

梨泰院P.108-115

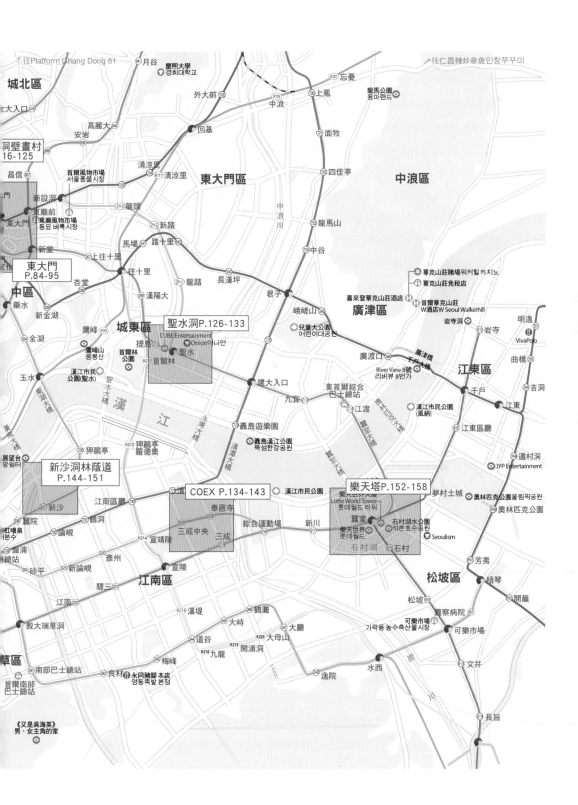

城北區

往Platform Chang Dong 61

K141 月谷

慶熙大學 경희대학교

往仁昌辣炒章魚인창쭈라미

大入口 418

外大前 122

K119 上鳳

K121 忘憂

龍馬公園 용마랜드

高麗大 840

安岩

同壁畫村 16-125

昌信 807

首爾風物市場 서울풍물시장

K124 清涼里

四佳亭

龍馬山 73

面牧

中浪區

清涼里

東大門區

新設洞

新堂

往十里

新踏

龍頭

東廟前

東廟風物市場 동묘 벼룩시장

211-3 龍頭

211-2 新踏

中浪川

211-1 龍踏

533 杏堂

馬場 541 踏十里 542

長漢坪 54

上往十里

中 區

東大門 P.84-95

藥水

往十里

漢陽大 209

君子

峨嵯山 545

兒童大公園 어린이대공원

華克山莊賭場워커힐 카지노

華克山莊免税店

喜來登華克山莊酒店 首爾華克山莊 W酒店W Seoul Walkerhill

岩寺洞 811 岩寺

明逸 551

新金湖

金湖

石 K115 鷹峰

鷹峰

鷹峰山 응봉산

聖水洞 P.126-133

CUBE Entertainment

Onion어니언

提醒

首爾林公園

K211 首爾林

聖水

廣津區

廣渡口 72

千戶大橋

廣津橋

VivaPolo

曲橋

玉水

漢江市民公園(聖水)

東湖大橋

建大入口

River View 8號 리버뷰 8번가

江東區

吉洞 540

展望台 망루터 330

漢 江

九宜 213

東首爾綜合巴士總站

江渡 214

漢江市民公園 (風納)

千戶

江東

狎鷗亭 330

K212 狎鷗亭 羅德奧

鬔島遊樂園 72

清潭大橋

鬔島漢江公園 뚝섬한강공원

蠶室大橋

江東區廳 812

新沙洞林蔭道 P.144-151

新沙

COEX P.134-143

漢江市民公園

樂天塔 P.152-158

蠶室大橋

蠶村土城

夢村土城

遁村洞 JYP Entertainment

奧林匹克公園올림픽공원

奧林匹克公園

醫院 번수

新沙

江南區廳

樂天世界大廈 Lotte World Tower 롯데월드 타워

蠶室

石村湖水公園 석촌호수공원

Seoulism

鶴洞 730

奉恩寺

綜合運動場

三成中央

三成 219

新川 217

樂天世界 롯데월드

石村湖

石村

松坡區

松坡 816

芳荑 813

梧琴

新論峴

彦州

宣靖陵

宣陵

江南區

驛三 221

江南 222

K216 漢堤

鶴灘 345

大崎 346

可樂市場

가락동 농수축산물시장

可樂市場

警察病院

松坡

문정

首爾南部巴士總站

草區

南部巴士總站

教大瑞草洞

道谷 344

K220 大母山

大廳 347

文井 813

首爾南部總站

永同豬腳本店 영동족발 본점

梅峰

K219 九龍

開浦洞

逸院

水西

長旨 819

長材

《又是吳海英》男、女主角的家

填補漢江而成的「汝矣島」，
除了是首爾經濟重鎮，
島上的綠地公園更能
飽覽漢江美景

造訪汝矣島漢江公園理由

① 一覽漢江美景的最佳地點

② 綠地與戲水池，親子、好友、情侶相伴都適合

③ 春天賞櫻、夏季煙火秀，什麼時候來都好玩

汝矣島漢江公園

👁 MAP P.34 B1

汝矣島漢江公園
여의도 한강공원／
Yeouido Hangang Park

　長達40公里的漢江沿岸，共有12處漢江公園，其中就以汝矣島漢江公園最容易親近。總長跨越3座大橋，有個身兼咖啡館與聲光表演場地的水上舞台、運動場地和可戲水的水色廣場、水上樂園，江邊渡船頭可搭乘漢江遊船一覽美景。臨近麻浦大橋的風之路，橫亙在車道岔路的船型裝置藝術，延著蜿蜒的走道至頂端，可一覽車水馬龍和漢江水光交融的景象，是韓劇《城市獵人》的場景之一。

5號線【汝矣渡口站】2、3號出口即達
5、9號線【汝矣島站】4號出口徒步約15分

🏠永登浦區汝矣島路330；영등포구 여의동로330
☎02-3780-0561
🌐hangang.seoul.go.kr

🕐
至少預留時間
遊玩汝矣島漢江公園：
2-3小時
汝矣島周邊遊玩+永登浦：
3小時

有此一說～

麻浦大橋是座自殺大橋？

韓國的生活壓力大，很多想不開的人會選擇在麻浦大橋一躍而下，結束自己不順遂的一生，故麻浦大橋有自殺大橋之稱。韓國政府為了減少在這條橋結束生命的人口，特別在橋上新增了很多溫馨的鼓勵小語，盼望能夠在最後拉他們一把，提醒他們多想想，自殺不能解決問題。

周邊的63 Square曾是韓國最高建築，建築物因日照時間不同反射不同光澤，又有「黃金塔」美名。

水上活動

漢江公園周邊有業者經營水上天鵝船、或像在水上飄的咖啡杯Tube ster，如果想挑戰體能的可以試試獨木舟，如果想走貴婦路線可以直接搭乘遊覽船欣賞漢江沿岸風景。

借台腳踏車遊公園

如果怕水或暈船，也可以選擇在漢江公園租借腳踏車，來趟悠閒的自行車之旅，畢竟漢江公園幅員廣大，若想用走的走完，恐怕得要花上幾小時。

盤浦大橋賞月光噴泉

在每年4～10月會在盤浦大橋有月光噴泉表演秀，夜色搭上燈光映在漢江河面，美不勝收，許多人更喜歡夜晚到漢江邊，一邊喝著啤酒一邊欣賞盤浦大橋的美景。

沿著漢江散步超浪漫，盤浦大橋每日都有夜晚限定的月光噴泉表演，多彩光源和夜色映照在湖面上尤其美麗。

夏季限定的夜間活動「首爾夜貓子夜市」(서울밤도깨비 야시장)，結合餐車、彩色貨櫃及美麗夜景。

麻浦大橋底下的區域開闢為以色彩為主題的公園，運用首爾10大主要色彩裝飾在橋墩、椅子，分外搶眼。

汝矣島漢江公園

一定找到你！神奇的食物外送文化

在韓國路上看到的摩托車大多為餐廳外送人員，外送食物以中式的炸醬麵、糖醋肉，或是炸雞和披薩為大宗。以前的韓國外送大多只送到住家、公司或學校等固定地點，現在在首爾各處都可以送，像在漢江公園賞花、某個籃球場，甚至在演唱會場外也可以送。但在這麼大的漢江公園裡外送大叔可是沒有辦法知道你在哪裡，記得點好餐後要到「固定取餐區」等候餐點送達。

© 韓國觀光公社

必遊景點

漢江上的12座公園有不同角度的江邊美景，選一個離自己最近的公園踏青去～

👁 1 蘭芝漢江公園
난지한강공원

同在世界盃公園腹地內的蘭芝漢江公園，為第2大漢江公園，擁有自然生態濕地與自然環境保存空間、遊覽船碼頭、草地廣場與露營場、遊艇場、弓箭場、運動場等設施；彩霞公園建立有不會破壞地形的環保高爾夫場

🚇6號線世界盃體育場站1號出口徒步約20分 🏠麻浦區漢江蘭芝路162；마포구 한강난지로 162 ⏰戲水場音樂水柱：7~8月平日4回、假日6回

一旁的綠地是據說離天空最近的公園故稱「天空公園」，廣闊的美麗景致一到秋天都被紅葉所染紅。

👆 有此一說～

《楊花大橋》是攻占韓國音源榜的強盜曲之一？
漢江上的十幾座大橋各有不同的看點，其中連接麻浦區和汝矣島的「楊花大橋」是通車量最大的橋樑，更成為韓國男歌手Zion.T歌曲創作來源。在2014年Zion.T發行的《Yanghwa BRDG》，內容講述Zion.T從小到大看著從事計程車司機的父親為家庭辛苦付出，每次打給父親，父親總說他在：「楊花大橋」，為感念父母而寫下這首歌曲，副歌內容是和家人一起變幸福健康，感人的歌詞涵義深受大眾歡迎也蟬聯音源榜數週冠軍。
副歌內容：
「행복하자.우리 행복하자.아프지 말고 아프지 말고.」
(幸福吧，我們變幸福吧。不要生病，要健健康康。)

Do YOU KnoW

韓國的生命線－漢江

漢江是韓國的主要河流，全長有514公里，將首爾市畫分為南、北，為連接南北區域，在漢江上更超過10條跨江大橋，為了一窺漢江的美麗景色，在江邊沿岸打造不同特色的漢江公園，以廣津為首自蠶室、纛島、蠶院、盤浦、二村、汝矣島、楊花、望遠、仙遊島、蘭芝及江西等12座公園。

👁👁 2 仙遊島公園
선유도공원

位在楊花大橋上的仙遊島公園，在1978年至2000年間原為提供江南永登浦一帶的自來水淨水場，隨著與江北淨水場合併後遷移，於2002年首爾市政府的公園計畫改建為仙遊島生態公園。

🚇9號線仙遊島站2號出口徒步約10分 🏠永登浦區仙遊路343；영등포구 선유로 343 ⏰公園6:00~24:00，展覽館夏季9:00~18:00、冬季9:00~17:00 🚫展覽館週一

故事館旁的牆壁已成為留言板。

占地三萬多坪的公園，也被利用環境再生生態建造的設施有稱為「水之公園」，再利用藥品沉澱池的水生植物園和時間庭院、拆掉淨水池水泥屋頂柱子建成的綠柱庭園、留下水柱子建成的上樂園、溫室。

汝矣島漢江公園：必遊景點

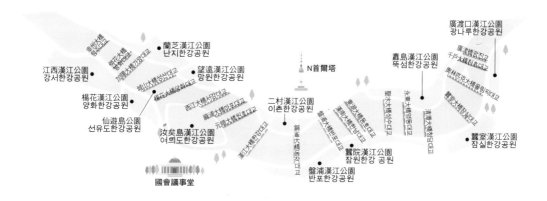

◉ 3 纛島漢江公園
뚝섬한강공원

位在江邊北路上的纛島漢江公園，原為江邊遊樂場，在這裡夏季可以玩滑水、水上摩托車等水上活動，冬季有雪橇場及溜冰場，一旁小型的便利商店也有販售炸雞、冷麵、熱狗等熟食。

🚇7號線纛島遊園區站2、3號出口即達 🏢廣津區江邊北路139；광진구 강변북로139 ⏰游泳池：7~8月9:00~19:00，尺蠖瞭望台：3~10月10:00~00:00，11~2月10:00~23:00，2F免費圖書館：10:00~18:00

生態公園等空間。
漢江公園內有展覽區、免費圖書館及
位在3號出口長約240公尺「一尺蠖瞭望台」，為纛島漢江公園最大地標，瞭望台及

在鐵路下方的韓式傳統木平台，觀賞漢江美景。

纛島漢江公園也曾為韓劇《IRIS》的拍攝地。

◉ 4 蠶院漢江公園
잠원한강공원

12處漢江公園之一的蠶院漢江公園有散步道、自行車道外，還有籃球、足球、網球、羽毛球、游泳池等場地，還可以釣魚、滑板、欣賞夕陽，眾多休閒設施一應俱全。

🚇3號線蠶院站3號出口徒步約6分 🏢瑞草區蠶院路221-124；서초구 잠원로 221-124

這樣賞美景最浪漫－漢江遊船(한강유람선)

🚇5號線汝矣渡口站3號出口徒步約10分至遊船碼頭 🏢永登浦區汝矣島路290 ELAND CRUISE；영등포구 여의동로290 ELAND CRUISE ⏰分有童話遊船、音樂遊船、星光遊船3種類型，開船日程週一~五14:00~21:50 💰成人及青少年₩16,900起、兒童₩11,900起 🌐www.elandcruise.com ❶班次將依季節變化作調整，可至網站查詢時間表

乘上遊船一覽漢江夜景是最浪漫又奢華的旅程，將著名地標建築像栗島、切頭山公園、63大樓、N首爾塔一網打盡。乘船處可由汝矣島或蠶室出發，有繞漢江一圈的循環路線，也有來回於汝矣島和蠶室間的單程路線。

順遊景點

漢江公園周邊又有什麼好玩、好吃，
離地鐵站又超近的絕讚景點呢？

MAP P.34 B1

63 Square
63스퀘어

如何前往

5、9號線汝矣島站5號出口可搭乘免費接駁公車

info

☎02-789-5663 ○永登浦區63路50；영등포구63로 50 ○10:00~20:00(售票至19:30) ⑤63美術館成人₩15,000，63水族館成人₩27,000，63美術館+63水族館雙人券₩32,000 ⑩www.63art.co.kr

韓國最高的金融中心63 Square外觀採用雙層反射玻璃，特殊設計的電梯，可在1分25秒內直上60樓的展望台。大樓裡有展望台美術館、高級餐廳、美食街、精品街。

在2016年7月重新裝修開幕的水族館，是個綜合的休閒娛樂中心。

汝矣島漢江公園：順遊景點

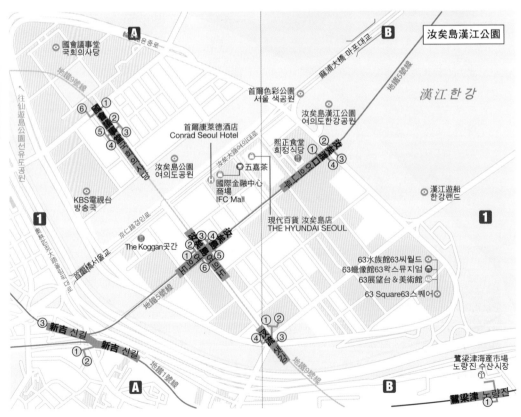

汝矣島漢江公園

漢江 한강

國會議事堂 국회의사당

麻浦大橋 마포대교

地鐵9號線

地鐵5號線

首爾色彩公園 서울 색공원

汝矣島漢江公園 여의도한강공원

首爾康萊德酒店 Conrad Seoul Hotel

熙正食堂 희정식당

汝矣島公園 여의도공원

五嘉茶

國際金融中心商場 IFC Mall

KBS電視台 방송국

汝矣大路04의0大路

現代百貨 汝矣島店 THE HYUNDAI SEOUL

漢江遊船 한강랜드

往仙島公園선유도공원

京仁路경인로

The Koggan곳간

地鐵5號線

63水族館63씨월드
63蠟像館63왁스뮤지엄
63展望台＆美術館
63 Square63스퀘어

新吉 신길

新吉 신길

地鐵1號線

地鐵9號線

鷺梁津海産市場 노량진 수산시장

鷺梁津 노량진

輪中路
윤중로

如何前往
5號線汝矣渡口站2號出口徒步約10分

　　位於汝矣島上、國會議事堂後側的輪中路，道路兩旁植滿樹齡達30~40年的櫻花樹，綿延約6公里，共1,400多棵，每年4月初到中旬，櫻花綻放，每年都有超過250萬人前來賞花。賞櫻時節，國會議事堂前後道路會進行交通管制，最好坐地鐵或公車前往。

首爾的賞櫻勝地，落櫻繽紛，賞花一族不要錯過。

THE HYUNDAI SEOUL
現代百貨 汝矣島店

如何前往
5號線麻浦渡口區站1號出口徒步約10分

info
⌖首爾市永登浦區汝矣大路108；서울 영등포구 여의대로 108　☏02-767-2233　◷10:30~20:00；假日~20:30

　　「THE HYUNDAI SEOUL」是目前全首爾最大的巨型百貨公司，由世界最著名的建築家之一的理查羅傑斯爵士設計，百貨空間寬敞，內部裝飾有天然草坪、30餘棵樹和各種鮮花，除了，更具備了藝文中心、展覽公演場等功能，百貨裡的世界各國美食餐廳，更是一度成為人們打卡的熱門景點。

韓國首家環境友好型百貨，無論是顧客休息空間，還是通道空間都很舒適。

國際金融中心商場
IFC Mall

如何前往
5、9號線汝矣島站3號出口延通道徒步約5分至IFC Mall 2F

info
⌖永登浦區國際金融路10；영등포구 국제금융로10　☏02-6137-5000　◷10:00~22:00(各家不一)　↻
https://www.ifcseoul.com/en/MN_00_00.asp

　　環繞在3棟摩天大樓間的「國際金融中心商場IFC Mall」，正門的玻璃帷幕建築，呈現歪斜M字型的玻璃天幕，為巨型地下空間帶來充足日曬陽光。這裡引進許多國際品牌如H&M、Zara、Bershka、GAP，還有韓國第一家Hollister Store，及8IGHT SECONDS等韓國設計品牌。

熙正食堂
희정식당

如何前往
5號線汝矣島渡口站1號出口徒步5分

info
⌖永登浦區汝矣島渡口路117；영등포구 여의나루로 117　☏02-784-9213　◷11:30~23:00　⑤部隊鍋一份₩11,000

　　鄰近汝矣島渡口站的熙正食堂，是間部隊鍋專門店，有許多人慕名而來享用，用餐時間總是大排長龍。點餐時不一定

要按人頭數，如食量偏小，三人可以點兩人份、四人可以點三人份。

將麵撈起來吃，再將湯匙進碗中加入一點飯，可是超美味吃法。

汝矣島漢江公園：順遊景點

串·聯·行·程 永登浦

逛完漢江公園，不妨再搭一站地鐵到附近的永登浦！百貨、超市林立，剛好可以補補貨～

◎從汝矣島站搭往新吉站轉乘1號線，在永登浦站下車即達各景點

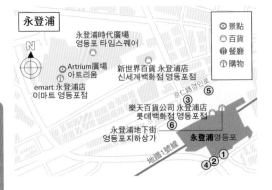

永登浦

永登浦時代廣場
영등포 타임스퀘어

Artrium廣場
아트리옴

新世界百貨 永登浦店
신세계백화점 영등포점

emart 永登浦店
이마트 영등포점

⑤
③

樂天百貨公司 永登浦店
롯데백화점 영등포점

⑥

永登浦地下街
영등포지하상가

永登浦 영등포

④②①

京仁路경인로

地鐵1號線

◎ 景點
⑥ 百貨
⑪ 餐廳
⑪ 購物

永登浦時代廣場
영등포 타임스퀘어

info

⊙永登浦區永中路15；영등포구 영중로15　☎02-2638-2000　◯10:30~22:00　⊕www.timessquare.co.kr

　永登浦時代廣場可說是韓國規模最大的購物中心，足足有COEX的兩倍大，連樂天百貨、新世界百貨都屬於它的一部分。涵蓋購物、住宿、商業、醫療、文化體驗等；超市、書店、美食街都是基本元素，還有5星級飯店、健身中心、婚禮及宴會中心、會議廳、空中花園等。

emart 永登浦店
이마트 영등포점

位於永登浦時代廣場B1樓、B2樓的emart是大型連鎖超市，和樂天超市並駕齊驅，擁有規模龐大的體育用品專賣店、葡萄酒專賣店、保健食品專賣區、進口廚具專賣區等，加上方便的停車設施，好逛又好買。

⊙永登浦時代廣場B1F、B2F　◯10:00~23:00　⊕store.emart.com/branch/info/info.jsp?id=961

汝矣島漢江公園：串聯行程

永登浦地下街
영등포지하상가

info

⊙永登浦區京仁路843；영등포구 경인로 843 ⊘

約10:00~23:00(各店不一)

　位在永登浦站5號出口的「永登浦地下街」，有各種風格服飾，飾品、包包或鞋店，逛累了還有咖啡廳可以休息，鄰近樂天百貨、時代廣場、emart超市，和Home plus超市等，一次滿足所有購物慾望。

服飾、包款樣樣有，是最平價的購物天堂！

新世界百貨永登浦店
신세계백화점 타임스퀘어점

info

⊙首爾市永登浦區永中路9；서울 영등포구 영중로 9

☎02-1588-1234　⊘10:30~20:00，週五~日、假日~20:30 ⊗每月一次(不定休) ⓦwww.shinsegae.com/store/main.jsp?storeCode=D03

　新世界百貨公司的永登浦店，是時代廣場的地標建築之一。A館1樓以精品、化妝品和珠寶為主，2~4樓是女性服飾的天下，5、6樓則是男性西裝和休閒服飾，7樓有內睡衣、童裝和生活用品，10樓則有空中花園；B館1、2樓有鞋包精品，3~5樓以運動、休閒服飾和用品為主，6樓則可以買到各品牌的家電用品。

樂天百貨公司永登浦店
롯데백화점 영등포점

info

⊙永登浦區庚寅路846；영등포구 경인로846 ☎
02-2632-2500　⊘10:30~20:00 ⊗每月一次(不定休) ⓦstore.lotteshopping.com/handler/Main-Start?subBrchCd=003&gubun=1

　1991年開始營業的樂天百貨公司永登浦店，是韓國最早由民間投資和建設、與地鐵站相連的百貨公司，同時，樂天也帶動整個商圈發展起來，成為首爾江西地區的主要購物商圈，可說功不可沒。

汝矣島漢江公園：串聯行程

王牌景點 ②

首爾最具代表性的地標，
白天與夜晚的不同樣貌　　　登塔、瞭望享受N首爾塔

夜晚可以欣賞首爾夜景，
N首爾塔的閃閃亮光也超
吸晴，是情侶約會的熱門
景點之一！

N首爾塔小檔案
改名經過：
信號電波塔 (1969年)
→南山首爾塔 (1980年)
→N首爾塔 (2005年)
樓層：
Seoul Tower PlazaB1F~4F，
N Seoul Tower 5F~T7
塔高：236.7公尺

造訪N首爾塔理由
1 初次到訪首爾的必遊景點
2 白天或夜晚都能將首爾市景盡收眼底
3 戀人之間最浪漫的KISS場所

4號線【會賢站】1號出口
4號線【明洞站】4號出口
徒步約10分搭南山玻璃扶梯達南山
纜車站
轉搭纜車至終點站，沿階梯往上即達

N首爾塔
N서울타워／
N Seoul Tower

MAP
P.41

龍山區南山公園路105；용산구 남산
공원길105
☎02-3455-9277
🕙10:00~23:00、週六10:00~24:00
💰觀景台全票₩16,000、優待票
₩12,000
🌐www.nseoultower.co.kr

　N首爾塔原名叫南山塔，塔高236.7公尺，建在
243公尺高的南山上，因此海拔達479.7公尺，是
韓國最早設立的電波塔，向著首爾和周圍地區傳
送電視和廣播訊號。2005年經過全面整修，也改
名為N首爾塔，不但有可360°俯瞰首爾市區的數
位瞭望台，還有義式、法式及韓式餐廳，泰迪熊
博物館、紀念品店和咖啡廳更是不可獲缺，是首
爾當地人假日熱門去處，也是國際觀光客必定到
訪的勝景之一。

至少預留時間
N首爾塔登塔：
2小時
南山公園周邊遊逛：
1小時
延伸周邊景點與明洞：
2~3小時

每日登場的「首爾之花」

每天晚上7點至12點整點時，N首爾塔會點起繽粉的「首爾之花」LED燈光秀，由建國大學教授所設計的首爾之花，由各角度向天空發亮，在夜空中彷彿一朵盛開的七彩花朵。

N首爾塔內的泰迪熊博物館，可愛的泰迪熊大玩COSPLAY，將時光拉回朝鮮時代，展示著過去的日常情景與宮廷生活。

腳力好的人也可以沿著扶梯旁的階梯緩緩爬上，步行至N首爾塔。

首爾限定夜景行程

N首爾塔無論白天或夜晚都能將整個首爾盡收眼底，但如果是跟另一半想要耍一下浪漫的話，首推還是夜晚前往欣賞首爾的夜景，再至首爾路7017，手牽手散步。

與明洞、南大門串聯

從4號線的會賢站、明洞站皆可前往N首爾塔，利用白天時間在明洞及南大門商圈大肆購物、吃吃美食，晚上再到N首爾塔看美麗夜景。

省時間、撿便宜

如果想要省下現場等待買票的時間，不妨可以先在台灣的售票網站(KKday或klook)購買電子票券，購買完畢記得留下電子收據，再憑收據入場即可，省下時間、票價又比現場買更便宜！

日間的乙首爾塔周邊因為位在南山上，因此可以享受首爾市難得一見的綠意與新鮮空氣。

N首爾塔吉祥物抵架啦！

N首爾塔住著一隻吉祥物叫做N愛熊(엔사랑곰，NSARANG GOM)的棕熊，他的特徵是胸前有大大的白色愛心模樣，並且用雙腳站立。站立時身高為185公分，據說他是隻讓愛情順利實現的熊，幫助戀愛初期生澀害羞的情侶們邁向熱情如火的資深情侶，進階接吻階段的熊教練。

位在南山上的N首爾塔，白天仰望、夜晚俯瞰景色千變萬化，來到這裡要從哪裡參觀起呢？

N首爾塔／N서울타워

Do YOU KnoW

韓國的千姿百態的N首爾塔

從首爾市區的各區域也能看見各角度的N首爾塔，明洞、梨泰院、南山韓屋村，真的不虧是首爾代表景點，存在感十足！

愛情鎖

到N首爾塔除了看夜景，還有情侶們一定會來掛象徵永恆愛情的「愛情鎖」，另外還有可以寫下愛的留言的瓷磚牆，沒有自備道具的人到現場也可以購買。

前往N首爾塔的捷徑

從明洞站4號出口出站往南山公園的指標前進，先搭乘免費的南山玻璃扶梯到南山纜車站，再轉搭纜車至終點站即可看到N首爾塔！

透明的玻璃電梯可容納20人，隨著陡峭的山坡緩緩而上，不但節省許多體力，俯瞰明洞地區的視野也很棒。

STEP❶
南山玻璃扶梯

🏠中區會賢洞2街；중구 회현동2가　🕐9:00~23:00 休週一9:00~14:00(維修時間) 💲免費

STEP❷
南山纜車／남산케이블카

🏠中區小波路83；중구 소파로83　🕐週日~四10:00~23:00、週五~六10:00~24:00 💲全票單程₩11,000、往返₩14,000，優待票單程₩8,000、往返₩10,500

🌐www.cablecar.co.kr

南山纜車可說是首爾浪漫的象徵，早期幾齣韓劇裡幾乎都有南山纜車的畫面，像是《我叫金三順》、《開朗少女成功記》或是韓版《流星花園》皆在此取景，因此不少韓劇迷到首爾一定要搭趟南山纜車，感受一下劇情的溫度。

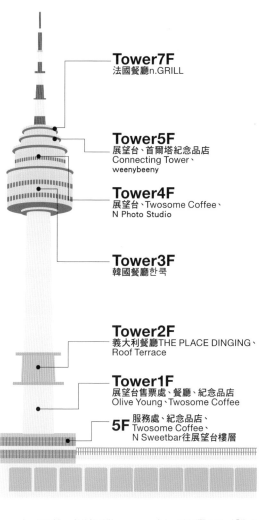

Tower7F
法國餐廳n.GRILL

Tower5F
展望台、首爾塔紀念品店
Connecting Tower、
weenybeeny

Tower4F
展望台、Twosome Coffee、
N Photo Studio

Tower3F
韓國餐廳한쿡

Tower2F
義大利餐廳THE PLACE DINGING、
Roof Terrace

Tower1F
展望台售票處、餐廳、紀念品店
Olive Young、Twosome Coffee

5F
服務處、紀念品店、
Twosome Coffee、
N Sweetbar往展望台樓層

有此一說～

夜色中的七彩N首爾塔也別具意義～

每年三月最後一週週三，為響應世界減碳日熄燈1小時。還有近年因霧霾影響首爾空氣品質，所以每當空氣中懸浮微粒濃度每小時低於45指數(指空氣乾淨)，N首爾塔會顯示藍色燈光，像是告訴在首爾的所有人「今天日子適合野外活動！」。

亮著綠色燈光時則是在提醒地球人民，地球環境的重要性；每年6月14日世界捐血日的時候，N首爾塔則會通過亮紅燈來傳達，捐血的重要性以及對捐血者的感謝，來支持捐血運動。

南山公園／남산공원

南山公園也是追星景點之一，像是《Running Man》、《來自星星的你》、《花遊記》多部韓綜、韓劇都曾在此取景。

🔍中區小波路46；중구 소파로46

之所以選定首爾為首都，就是因為它北有北漢山、南有南山圍繞的易守地理條件。標高265公尺的南山，過去擔負著李氏朝鮮時代防衛首都的重責，現在仍以鎮守皇宮之姿昂然聳立著。公園的西側有植物園；東側則有獎忠壇公園；山頂有N首爾塔。

新世界百貨 總店
신세계 백화점 본점

明洞명동
地鐵4號線

⑤⑥⑦⑧ ⑨⑩
④③ ② ①

南山

南山玻璃扶梯

南山纜車售票處

南山公園
남산공원

南山纜車
남산 케이블카

百貨 ●景點

N首爾塔N서울타워

往Poom善方向

明洞區域內流行服飾、彩妝保養品、美食餐廳、各級飯店、表演劇場等，像圍棋子分布其中。來到明洞也不怕語言不通，美妝店、餐廳等一定有中文服務人員，來到明洞絕對是百分百的安心。

◎從N首爾塔搭乘纜車下南山後改搭扶梯，再徒步10分即抵達明洞商圈。
◎逛明洞可以選擇2號線乙支路入口站及4號線明洞站出站。
◎乙支路入口站可從樂天百貨開始逛起，明洞站從6或7號出站即可看到超大間UNIQLO及NATURAL REPUBLIC，從周邊美妝店開始逛起吧！

Do YoU KnoW

文化旅遊中心提供免費上網

網速超快的首爾市區裡的免費WiFi其實不如想像中普及，大部分地方還是需要密碼才能上網，如果來到明洞有上網需求，可以到首爾國際文化旅遊中心免費借用。

到處都有換錢所

在韓國各地的機場都有銀行的外幣兌換櫃台，市區內也有民間合法的換錢所，且大部分都不收手續費。首爾市區裡的明洞、仁寺洞、梨泰院、南大門都可看到掛著「外幣兌換」、「兩替」、「Money Exchange」招牌的地方，特別是明洞，據旅居當地的人說匯率會比弘大、東大門好，其中大使館和一品香兩家換錢所(地圖：P.42A2)更是網友力推，不但離地鐵站近且匯率最佳。

 首爾國際文化旅遊中心
서울글로벌문화관광센터

info
🅿P.42B2　中區明洞8街27；중구 명동8길27 5F
02-3789-7961　🕙10:30~22:00

　　隱身在M Plaza的5樓的首爾國際文化旅遊中心，提供中、英、日語旅遊諮詢服務及旅遊資料，現場還有韓國傳統服裝體驗，可以免費換穿拍照；另有提供投幣式置物櫃。

串·聯·行·程 明洞

要買什麼，看這裡！

國內、海外各大品牌，舉凡運動品牌、美妝保養、國際精品都可以在明洞買到！

Olive Young 明洞本店
올리브영

info

ⓜP.42B2　中區明洞路53；중구 명동길 53
07-736-5290　10:00~22:30　www.
oliveyoung.co.kr

　　Olive Young就像台灣的屈臣氏，保養品、彩妝、生活雜貨應有盡有，在首爾市區更有數百家分店。Olive Young明洞本店兩層樓的明亮建築更是泰國、日本觀光客的最愛，最推薦搜刮保養品和面膜產品，二樓還可試用歐美彩妝。

韓國美妝買什麼？！
韓國人的好肌膚讓人趨之若鶩，不禁想深究是什麼讓他們擁有好膚質，就此韓國美妝開始大肆盛行，保溼、美白、韓式妝容都令人驚豔，韓國眾多美妝保養品等你挖掘。如果想更瞭解用法，不妨走一趟明洞請店員講解吧！

面膜或面泥，任君挑選。

指甲油首推3CE，顯色價格中等。

LANEIGE蘭芝的唇膜是明星商品！

IOPE是高價品牌，神仙水或氣墊粉餅都十分推薦！

整棟粉紅色的建築物就是要激發出大家的少女心！

Stylenanda Pink Hotel
스타일난다 핑크호텔

info

📖P.42B2 📍首爾市中區明洞8街37-8；서울 중구 명동8길 37-8 ☎02- 752-4546 🕐11:00~22:00 🌐www.stylenanda.com

　於2018年正式收購於萊雅集團的Stylenanda，位於明洞的旗艦店以飯店的概念打造而成，1樓入口仿造飯店大廳，彩妝試用專區也像飯店餐廳自助吧一般，底下擺放著盤子，像用餐一般愉快地試玩彩妝；2樓則是以幾何大鏡子、純白大理石以及金屬水龍頭營造出化妝間的概念；3樓為飯店房間概念，展示多種風格服飾；4樓的主題是洗衣房，販售各種服飾及帽子、鞋子等配件；來到5樓就像到了泳池畔，可以在咖啡店清涼一夏。

Åland

info

📖P.42B2 📍中區明洞8街40；중구명동8길 40 ☎02-3210-5890 🕐10:30~22:30 🌐www. a-land.co.kr

　明洞Åland店面共有4層樓，男女服飾、配件、生活雜貨等應有盡有；女裝風格自然，輕柔的棉質上衣還有甜美碎花裙，洋溢著舒適樂活的氣息，男裝則是簡單俐落展現個人特色。

款式多元、活潑也是吸引人的原因之一。

SPAO
스파오 명동점

info

📖P.42B3 📍首爾市中區明洞8巷15；서울 중구 명동8나길15 ☎02-319-3850 🕐12:00~20:00，週五~日11:00~21:00 💰外套約₩29,900起、上衣約₩10,000~30.000 🌐www.spao.com

　SPAO是韓國服飾品牌，知名的經紀公司SM也是主要投資者之一，SPAO的產品主要走休閒風，年輕又有型。在品牌開創期時，SM旗下藝人像是Super Junior、少女時代等都是現成代言人，而引起一陣搶購風潮。

串·聯·行·程 明洞

免稅商品這裡買

明洞也可以便宜買到免稅商品，只要確定免稅商店有要買的品牌，絕對能用比實體店家更便宜的價格買到商品！

新世界百貨 總店
신세계백화점 본점

info

ⓜP.42A3 ⓜ中區退溪路77；중구 퇴계로 77 ⓜ02-1588-1234 ⓜ週日~四10:30~20:00、週五~六10:30~20:30 ⓜ每月一次(不定休) ⓜ www.shinsegae.com/store/main.jsp?storeCode=D01

介於南大門市場、南山與明洞之間的新世界百貨是獨一無二的總店。前身曾經是1930年開業的日本三越百貨京城分店，爾後改新世界百貨，另設有室外花園和藝廊餐廳。

新世界百貨免稅店
新世界百貨總店8~12F

位於新世界百貨的8~12樓的新世界免稅店，商品以美金標價且直接免稅。8樓是國際名品，9~10樓是名表、珠寶和首飾區，10樓為化妝品、保養品專區，11樓是電子產品以及韓國特產區。ⓜ9:30~21:00 ⓜwww.ssgdfs.com

買東西無需湊滿₩30,000免稅額，也不用再到機場辦理退稅！

樂天免稅店

info

ⓜP.42A1 ⓜ中區南大門路81 9~11F 樂天百貨；중구 남대문로8 19~11F 樂天百貨 ⓜ02-771-2500 ⓜ週一~五10:30~20:00、週六~日10:30~20:30 ⓜ每月一次(週一) ⓜwww.lotteshopping.com

樂天免稅店的商品與價格與機場一致，唯一不同在於機場是以美金計價，這裡則以韓幣結帳，匯率還是有點不同。9樓的美妝區分國際及韓系品牌，商品皆免稅，價格比實體店面再便宜1至1.5成，也可以現場取貨。

如果是在10~11樓買國際名牌商品無法現場取貨，記得在離境時於機場領取。

迷妹迷弟逛這裡！
SUM@LOTTEYoungPlaza
ⓜ中區南大門路67 B1F；중구 남대문로67 B1F
位在樂天百貨青春廣場的SUM@LOTTEYoung Plaza，由韓國經紀公司SM所打造的明星娛樂中心，可以買到所屬SM旗下藝人的周邊商品。

用餐選擇

走了超久的路、逛了好幾家店，好累好想休息？
推薦這幾間CP值超高的好吃店家！

柳家辣炒雞排/유가네
辣炒雞排

 中區明洞8巷11；中區 명동8
가길11

柳家辣炒雞排是將無骨雞肉和蔬菜、年糕等配料放在大鐵盤上直接拌炒，海鮮、牛肉多種口味，加入起司趁熱享用，濃郁的風味和拔絲口感更加叫人難忘。鐵板炒飯更是吃完雞排後必吃菜色，利用醬汁拌炒白飯、配菜和辣醬，甜辣又過癮！

📍P.42C2　🚇4號線明洞站8號出口徒步約1分　☎02-775-3392　🕐10:00~1:00

辣炒雞排 ₩9,000 推薦菜

忠武紫菜飯捲/충무김밥
紫菜飯捲

 中區明洞10街8；中區 명동10길8

忠武紫菜飯捲是家一日賣出百份以上的人氣餐廳。紫菜飯捲都是工作人員在店內現捲現賣，招牌是10捲簡單的紫菜飯捲在盤中排排站、再舀上辣蘿蔔和辣魷魚，附上一碗湯，一份₩8,000。

📍P.42B2　🚇4號線明洞站8號出口徒步約3分　☎02-755-8488　🕐8:00~2300(賣完提早打烊)

紫菜飯捲 ₩8,000 推薦菜

鳳雛燉雞/봉추찜닭
辣味燉雞

 中區明洞8街47 2F；中區 명동8나길 47 2F

鳳雛燉雞是指安東地區風味的辣味燉雞，鮮嫩雞肉用安東特製的香辣醬料，加入馬鈴薯、紅蘿蔔、韓國冬粉等。另推薦清涼的蘿蔔泡菜湯，清爽的酸味正好可消火清熱，此外安東的傳統美酒也是絕配。

📍P.42A3　🚇4號線明洞站8號出口徒步約3分　☎02-3789-9381　🕐11:00~21:30

鳳雛燉雞 (小份)₩22,000 推薦菜

明洞夜市
街頭小吃

🏠 中區中央路至明洞路一帶；中區 중앙길~명동길

每天下午大概4點左右，明洞商圈街上會陸續眾多小吃攤，這些小吃都極具當地特色，而且價格不貴，分量也適中，可以一攤接著一攤吃到多種美味，跟在台灣逛夜市的感覺很像。

📍P.42A2~B2　🚇4號線明洞站6號出口徒步約5分　🕐約16:00至凌晨

辣炒年糕 ₩3,000 推薦菜

首爾的都市再生計畫，步行市中心裡的空中花園，展現歷史與現代結合的美麗樣貌

跟著首爾徒步路線，漫步在重新誕生的綠色首爾路上，感受隱藏在城市裡的小故事。

造訪首爾路7017理由

① 走上空中步道**探索首爾城市之美**

② 過去與現代並進的**翻新建築**

③ 漫步城市中，**超美拍照、打卡景點**

4號線【會賢站】4、5號出口

ⓘ
🏠中區青坡路432；중구 청파로 432
☎02-120(茶山120首爾旅遊服務熱線)
🕐24小時開放
💲免費
🌐seoullo7017.seoul.go.kr

至少預留時間
首爾路7017散步：
1~2小時
周邊景點、店家購物：
3小時

首爾路7017

MAP P.50

首爾路7017
서울로 7017／Seoullo 7017

衜接首爾站與會賢站之間有座新興的連接高架橋「首爾路7017」，這座高架橋是在1970年建成的道路，原為提供給車行駛的高架道路，在2015年視為危險建築面臨拆除危機，基於安全問題後改造為一處城市的綠地及散步道，搭配都市再生計畫，經過很多巧妙貼心的設計，傳達著首爾的歷史與現代結合並保存。在首爾路7017上造有17條步道，可以選擇自由遊逛，或是報名參加三條不同的散步路線：漢陽至首爾路、近現代建築之旅，或是首爾路夜行路線。

首爾路7017小檔案

建造年份：1970年
開放年份：2017年
全長：1.024公里
建築：2座表演舞台、4間咖啡廳、17條觀光步道、645個圓形花盆

原來首爾路7017是一條從未通行過的高架橋

起初是為了讓來往南大門市場及青波洞、萬里洞的縫紉工廠商人能便利的通行而計劃建造，但在1990年進行檢查後發現安全疑慮，之後每年都進行精密的工程檢查，直到2006年，確定高架橋無法負荷過多的車體重量，基於安全考量便停止通行。原本市政府曾考慮直接拆除，幾經討論後便將它改造成一座綠色的空中大橋。

© 韓國觀光公社

首爾路設計17條觀光路線，行經南大門市場、首爾城牆、明洞，透過輕鬆的散步行程看見截然不同的首爾城市印象。

© 韓國觀光公社

白天從高處望下是汲汲營營的車水馬龍景象，一到晚上夜色低垂、明亮街燈、交通號誌和來往的人車，成為首爾最魔幻的美麗夜景。

© Photo by Ossip van Duivenbode

首爾路除了是條重生道路，步道上種植著丁香、榆樹及合歡樹，也將自然與城市成功結合為綠意首爾。

怎麼玩首爾路7017才聰明？

與明洞、南大門串聯

在南大門飽餐一頓後，可以從首爾路7017一邊欣賞首爾空中花園一路慢悠悠閒散步至首爾站樂天超市；或從明洞商圈也可步行至首爾路7017再到樂天超市。

Seoullo Terrace

首爾路7017上有一棟「Seoullo Terrace」，是由大宇財團所營運的購物中心，裡面擁有超過20家餐廳與咖啡廳，也能在這找到有70年歷史的傳統全州豆芽湯畈名店「三百家」等知名熱門美食店。

上網預約徒步旅遊

文化観光解説員と共に歩くソウル都保観光
'Seoul City Walking Tours'

如對首爾城市發展史有興趣，不妨行前先到網路預約觀光散步行程，在首爾文化觀光解說員的帶領下，以徒步方式參觀首爾市內主要古蹟景點，此為免費活動並有中、英文解說。

🔗 dobo.visitseoul.net/webMain.do

Do YOU KnoW

首爾路7017中的「7017」大有玄機？

由高架橋改造成空中行步道的首爾路7017，其中的數字「7017」到底代表什麼？其來由自高架橋建於1970年、又重生於2017年，其中17也有代表首爾路上17條觀光步道的意義。

© Photo by Ossip van Duivenbode

參觀重點

全長1公里的首爾路7017有什麼好玩的設施？
一起邊走邊玩邊看風景～

首爾路7017／Seoullo 7017

復興截斷的城市之路，並按跨越的區域各設計連接步道，共17條觀光步道，可以前往明洞、南大門、崇禮門及首爾站。

© Photo by Ossip van Duivenbode

夜晚的首爾路更是美得令人目不暇給！

© Photo by Ossip van Duivenbode

首爾路遊客咖啡廳／
Seoullo Traveler's Café

🕙 10:00~19:00，5~10月10:00~21:00

需要首爾路或是首爾觀光手冊就來這裡拿吧！同時也能稍作休息，還提供行李寄放、wifi、列印等服務。

© Photo by Ossip van Duivenbode

首爾路商店及旅遊諮詢中心／
Seoullo Information Center

🕙 10:00~19:00，5~10月10:00~21:00

與首爾工藝協會、地區縫製協會及個體戶合作推出首爾路7017的專屬T恤、明信片等紀念品，另備有免費旅遊指南、觀光地圖等。

© Photo by Ossip van Duivenbode

© Photo by Ossip van Duivenbode

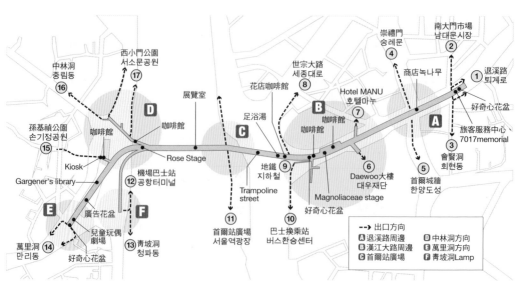

首爾路7017…參觀重點

地圖標示

中林洞
중림동 ⑯

西小門公園
서소문공원 ⑰

展覽室

崇禮門
숭례문 ④

南大門市場
남대문시장 ②

商店綠나무

退溪路
퇴계로 ①

好奇心花盆

世宗大路
세종대로 ⑧

花店咖啡館

Hotel MANU
호텔마누 ⑦

旅客服務中心
7017memorial ③

孫基禎公園
손기정공원 ⑮

咖啡館 ⒟

咖啡館

Rose Stage

足浴湯

咖啡館 ⒝

會賢洞
회현동 ⑤

⒞

Kiosk

機場巴士站
공항터미널 ⑫

地鐵
지하철 ⑨

Daewoo大樓
대우재단 ⑥

首爾城牆
한양도성

Gargener's library

Trampoline
street

Magnoliaceae stage

廣告花盆

⒠

⒡

兒童玩偶
劇場

青坡洞
청파동 ⑬

首爾站廣場
서울역광장 ⑪

巴士換乘站
버스환승센터 ⑩

好奇心花盆

萬里洞
만리동 ⑭

好奇心花盆

> 出口方向
> ⒜ 退溪路周邊 ⒟ 中林洞方向
> ⒝ 漢江大路周邊 ⒠ 萬里洞方向
> ⒞ 首爾站廣場 ⒡ 青坡洞Lamp

© 韓國觀光公社

© Photo by Ossip van Duivenbode

首爾路7017徒步旅遊路線推薦

想要瞭解首爾城市發展，不妨參加徒步旅遊更深入探索首爾之美。

🆓免費 🌐dobo.visitseoul.net/webMain.do ❗需先到網站預約

路線名稱	徒步時間	路線介紹
由漢陽變為首爾	2小時30分	文化站首爾284→首爾路7017→Severance大樓→崇禮門→漢陽都城→白凡廣場→安重根義士紀念館→三順階梯→會賢第二示範公寓→南山天橋
近現代建築之旅	2小時30分	文化站首爾284→首爾路7017→孫基禎紀念館→藥峴天主教堂→聖若瑟公寓→忠正閣→忠正路站
首爾路夜行(限5~10月)	2小時	首爾站15號出口→首爾路7017→南大門教會→漢陽都城→白凡廣場→南山天橋→崇禮門

首爾路7017‧‧參觀重點

表演舞台

© Photo by Ossip van Duivenbode

木蘭舞台／Magnoliaceae stage

不定期舉辦小型演出，像是曾辦過舞蹈、魔術秀等活動。

玫瑰舞台／Rose Stage

此舞台作為兩個用處，如無安排演出時，是利用季節花束妝點舞台；或是不定期舉行小型演唱會。

© Photo by Ossip van Duivenbode

彈跳床遊樂區／Bangbang Playground

在步行道上有一處給小朋友遊戲的彈跳床。

© Photo by Ossip van Duivenbode

萬里洞廣場

位在首爾路7017橋下的萬里洞廣場，更是不定期上演著多場豐富的表演。

© Photo by Ossip van Duivenbode

© Photo by Ossip van Duivenbode

足浴池

🕐11:00~19:00

開放時間限定在5月至9月期間的足浴池，是大人小孩都能共樂的地方，在嚴夏季節裡泡一泡腳十分消暑。

火車時刻表

喜歡鐵道的你在首爾路上也能找到樂趣！在首爾站上方的首爾路路段，有一處是觀火車的好景點。

玻璃圍幕上特別寫上詳細的火車往來時間！

在首爾路散完步,剛好順路到首爾站的樂天超市補補貨,介紹給你韓國必買清單!

樂天超市 首爾站店
롯데마트 서울역점

如何前往

1、4號線首爾站1號出口出站徒步約1分

info

⌖中區漢江大路405;중구 한강대로405 ☎02-390-2500 ▾

🕙10:00~24:00 ㊡每月第2、4個週日

　超市成為現在旅人來首爾必逛的地方之一,當地的特色零食、商品,不但在超市買選擇多且價格也實惠,從美妝品、零食、泡麵、生鮮蔬果到熟食區、新鮮用品應有盡有。

購買金額超過3萬韓幣即可當場退稅至結帳金額內。

設有置物櫃,可寄放行李,三小時內置物免費!另外也有提供國際宅配服務,可以直接購物後寄送回國,不用扛得很辛苦,需注意此服務在22:30結束,若有需要使用此服務的旅客要提早前往。

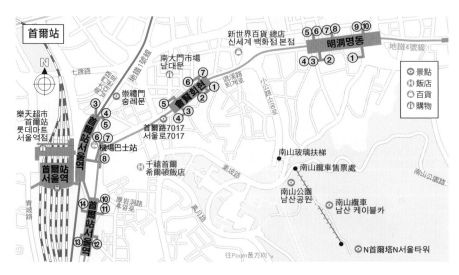

首爾路7017…順遊景點

泡麵

樂天超市逛不停，五花八門的泡麵、零食、日用品，要買的、必買的、獨家推薦的，千萬別錯過！

辛拉麵

永遠是韓國人心中最愛的拉麵品牌第一名！

真拉麵

和辛拉麵推出時間差不多的老牌，口碑也不錯，分辣味與原味。

三養拉麵

老品牌之一，麵條較細，這款是辣味。

安城湯麵

超市常看到的拉麵品牌，口感類似辛拉麵。

海鮮辣湯麵

由韓國名廚李連福親自調配出最棒口味的海鮮辣湯麵。

狸拉麵

內含一大片海帶塊是特色之一，拉麵湯頭更加鮮美。

☞ 有此一說～

一手掌握泡麵的來源？
想要知道吃在口中的泡麵是從哪裡來的嗎？仔細看看在泡麵包裝的背面的神秘資訊！

有效期限

2018.06.10 까지
안양 1B10 김경미 1025

生產工廠　品管人員　生產時間

辣雞麵

首款推出的黑色辣雞麵是極辣款，後續推出的加料款也讓人躍躍欲試！

黑款：
超辣原味

粉紅款：奶油義大利麵　　**黃款：**辣起司　　**綠款：**辣炸醬

零食

Crown 草莓夾心餅乾

巧克力餅乾夾上草莓醬內餡，這等最佳組合有誰不愛呢！

巧克力棒

韓國復古餅乾，外層是酥脆餅乾與濃厚巧克力夾餡。

巧克力派

有LOTTE、情及海太OH YES巧克力派，口感各有不同。

LOTTE巧克力派：內餡是綿花糖。

魷魚球

甜鹹魷魚口味，裡頭還有一顆花生。

預感烤洋芋片

預感洋芋片是用烘焙而成，口感不油膩外也更有香氣。

「情」巧克力派：是最老的品牌。

韓國金牛角

韓國人最愛的老牌餅乾，口感類似台灣金牛角。

另推生、秀美等品牌的洋芋片。

海太OH YES巧克力派：正方型的蛋糕內層夾上巧克力餡。

香油

菜餚只要加上一點香油，就是滿滿的韓料風味。

辣椒醬&大醬

買一組回家，在家就能煮出正統韓國料理！

調味粉

調好各式佳餚粉末，炒碼麵、辣炒年糕、部隊鍋，在家中也能重現韓式美味。

韓式料理包

一包包裝好的人蔘雞湯、豆腐泡菜鍋，真材實料，回家加熱就能吃！

泡菜

推薦買真空包裝的泡菜，一樣美味且攜帶方便。

海苔

到韓國必買的海苔，用來包飯、單吃都美味。

燒酒

原味燒酒口感灼辣燒喉，相較下水果燒酒親切可愛很多。

啤酒

韓國人常喝的牌子為CASS與HITE，口感清爽不苦澀。

米釀

由Paldo出產的傳統米釀，是洗完汗蒸幕後必喝飲料！

香蕉牛奶

韓國國民飲料，另有草莓、哈密瓜、咖啡及輕爽版香蕉牛奶。

韓國濁酒

又稱馬格利，韓國國民吃法是邊吃煎餅邊喝馬格利。

南大門市場

南大門市場是兼營批發和零售的傳統市集,紅蔘、人蔘酒、靈芝、韓版服飾、運動用品到韓流明星相關的週邊商品,都可以買到;只是雖然標榜「批發」,但不一定比較便宜,不妨貨比三家。

◎可以延著首爾路7017往明洞方向散步至南大門市場
◎4號線會賢站5、6、7號出口都可前往南大門商圈
◎5號出口出站到南大門商圈的美食街

👁 南大門市場
남대문시장

info

📍中區漢江大路405;중구 한강대로405
10:00~19:00(各商場不一) 🚫週日(各商場不一)

　　南大門市場是以東西綿延500公尺、南北橫跨200公尺的狹小區域內所集結成的市集,聚集1萬多家商店和攤販,最寬闊的南大門路,從服裝、新鮮蔬果到土產紅蔘、人蔘酒還有靈芝、以及手工醃製的泡菜、小菜等五花八門一應俱全。

這裡也有以各式進口商品為主的崇禮門進口商城;中央綜合商街充滿紅色和粉紅色的大型商場,橘紅色外觀的中央商街,是個挖寶的好去處。

服飾和雜貨還有蒐羅各大廠牌的相機街,

菜市場、傳統小吃,什麼都賣、什麼都不奇怪。

🍴 鐵鍋谷包子店
가메골 손왕만두집

info

📍中區南昌洞南大門市場4街42;중구 남대문시장4길42
📞02-755-2569 🕐8:00~20:00
💵包子5個₩4,000、10個₩8,000

薄薄的麵皮搭上飽滿的餡料,即使大排長龍也值得一嘗。

　　位於南大門6號門入口附近的包子店總是大排長龍,從1959年開始營業,現蒸現賣的手工包子,分辣和不辣兩種口味,蒸好的包子熱騰騰端上來,立刻被快速打包一盒盒被買走,生意好得令人忍不住也跟著排起隊來。

🍴 韓順子手工刀切麵
한순자손칼국수집

info

📍中區南昌洞南大門市場4街39-1;중구 남대문시장4길39-1 📞02-777-9188 🕐5:00~23:00
💵刀切麵₩4,000、冷麵₩5,500

　　步入南大門市場不久,就會看到有家麵店攤位上鐵碗公堆老高,即使你無法以語言溝通,老闆也會善體人意地端上一碗湯麵、一碗冷麵,仔細一拌,才發現兩碗麵底下都有辣椒醬,尤其冷麵酸酸辣辣地,非常過癮。

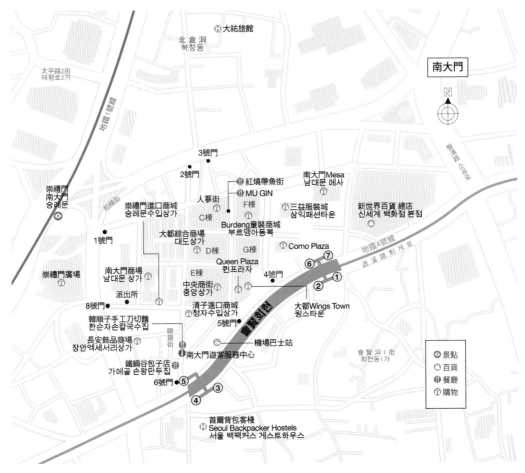

南大門

首爾路7017：串聯行程

◉ 景點
🏬 百貨
🍴 餐廳
🛍 購物

🍴 **紅燒帶魚街**

info

📍中區南大門3街；중구 남대문시장3길 ◆ 7:00~22:00 💲紅燒白帶魚約₩14,000(各店不一)

南大門市場裡的美味小吃很多，除了大道旁容易被看到的包子、刀切麵，還有一種紅燒帶魚，是把白帶魚切成小段之後，加上蔥、蒜與辣椒醬等一起慢火燉煮，只是刺稍多，吃的時候要小心。

辛香料去除了腥味，超下飯！帶魚肉質細嫩，

首爾最具代表性觀光勝地，穿著韓服走過朝鮮王朝正宮，在宏麗的宮殿留下張張美照～

景福宮是韓國人心目中永遠的王宮，即使遭受毀壞尚未完全重建好，仍可窺見朝鮮王朝昔日的氣象。

造訪景福宮理由

1 人氣韓劇的拍攝景點

2 華麗宮殿拍美照、打卡

3 穿美麗韓服化身女主角，還可免費進場

景福宮

◉ MAP P.65 B1 **景福宮**
경복궁／GYEONGBOKGUNG

景福宮是朝鮮王朝始祖李成桂建設的正式皇宮，西元1592年壬辰之亂時被燒毀了大部分，直到1865年，當時的皇帝高宗的親生父親興宣大院君為了重振王朝威權，於是決定進行重建，但在日本殖民統治期重建後的景福宮再度毀壞。為了破壞景福宮的靈氣，日軍還在正殿勤政殿裡蓋一棟西式建築(現在的國立古宮博物館)，作為朝鮮總督府的辦公大樓。直到1994年為了慶祝首爾建都600年，韓國政府又開始進行整修，時值今日仍持續在進行中。

景福宮小檔案
興建：太祖李成桂
興建年份：1394年
地位：朝鮮五大宮闕之首
韓國史蹟：第117號(1963年指定)
國寶：勤政殿、慶會樓

 ℹ

◎ 鍾路區三清路37；종로구 삼청로 37
☎ 02-3700-3904
◷ 1~2月和11~12月9:00~17:00，3~5月和9~10月9:00~18:00，6~8月9:00~18:30(售票至關門前1小時)
休 週二
₩ 外國人全票₩3,000、優待票₩1,500(可參觀國立古宮博物館、國立民俗博物館)
🌐 www.royalpalace.go.kr

3號線【景福宮站】5號出口
3號線【安國站】1號出口
5號線【光化門站】2號出口

至少預留時間
景福宮+韓服體驗：
2~3小時

Do YOU KnoW

光化門的交接儀式

在光化門前完整呈現朝鮮時代的守衛交接儀式，完成後可以跟守門將合照，但是他們等同於我們的憲兵或是英國的衛兵都是屬於執勤中狀態，所以不會對我們有任何反應也不會比YA，合照時候也要切記不要碰觸他們。

◎10:00~16:00的每個整點開始　休週二、雨天、酷暑、嚴寒

中文導覽

想要深入瞭解景福宮的歷史脈絡，在每日10:30、13:00、15:00有中文導覽，從興禮門內景福宮諮詢處前出發，行程約需60~90分，中文預約專線：02-723-4268。

四大宮優待票

如果想要一次遊四大宮(景福宮、昌德宮、昌慶宮、德壽宮)與宗廟，可以考慮直接購買聯票₩10,000，購買後效期為1個月，在四大宮及宗廟的售票處皆可購買。

串聯行程

景福宮和光化門廣場這一帶有不少古蹟和博物館，想多認識這個國家的過往歷史，這裡是很好的起始點，可以順便串聯西村和孝子洞，感受舊首爾的精髓與浪漫。

景福宮到光化門廣場這一大片地區，曾經是朝鮮時代政權中心地，四周車水馬龍、中央視野直達北漢山，令人心曠神怡。

首爾市中心裡的王宮寺殿，穿越時光隧道，走一遭朝鮮王朝第一宮殿

勤政門

自古以來東方的正宮都建有3個大門，穿過勤政門前方即是勤政殿。

香遠亭

建造於人工水池中央小島的亭子，建立於高宗時代。

香遠亭後方就是北岳山。

勤政殿

景福宮的正殿，裡面收藏的屏風書《日月五峰圖》正是紙幣1萬元的背景圖樣。

勤政殿有勤勉治國之意。

國立古宮博物館／국립고궁박물관

國立古宮博物館保存並展示著含景福宮、昌德宮等五大宮的王朝遺物計共20,000多件。

正殿裡色彩豐富的配色稱作丹青，是依據陰陽五行組成，據說有驅除邪氣的力量。

Do You Know

勤政殿裡的小秘密

勤政殿內天花板上的龍有七個爪子，因為中國的龍只有五爪，在朝鮮時韓國受制於中國，而五爪龍為中國皇帝的象徵，朝鮮王為了彰顯自己的權威，但當時又不適合踰越中國，所以偷偷在龍上多加了兩個爪，以示韓國比中國優越。

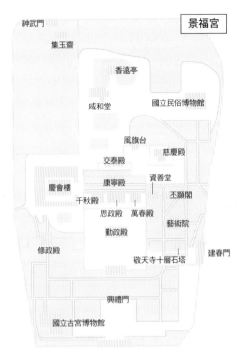

景福宮

神武門
集玉齋
香遠亭
咸和堂　　國立民俗博物館
風旗台
慈慶殿
交泰殿
康寧殿　資善堂
慶會樓　　　　　不顯閣
千秋殿
思政殿　萬春殿
藝術院
勤政殿
修政殿
敬天寺十層石塔　　建春門
興禮門
國立古宮博物館

國立民俗博物館／국립민속박물관

　位於景福宮東北方的國立民俗博物館,外觀為韓國傳統的木塔建築,館內展示以韓國傳統生活文化為主題。

分辨建築物是誰住的?
看建築物名字就知道!
殿:君王、王后、君王之母(母后)才能使用的場所。
堂:次代君王(世子)生活、進行日常業務的場所。
樓、亭:舉辦宴會的場地。
齋、軒:皇室私人使用的地方。

兒童博物館／어린이박물관

　兒童博物館利用組裝模型與影像資料,讓小朋友透過視覺及觸覺去認識韓國的傳統生活文化。

昔日街道
兒童博物館的前方有一條「昔日街道」,重現韓國古時候的情景,從中了解19世紀到20世紀初韓國當時的生活情景。

五大宮：景福宮、德壽宮、昌慶宮、昌德宮、慶熙宮從何逛起？要逛什麼？

朝鮮古宮看起來都一樣啊，但仔細看還是有不同之處！氣氛不同的宮殿也是人氣韓劇的拍攝景點！

景福宮

 喜歡繽紛色彩

 韓劇清單 《擁抱月亮的太陽》

P.65B1

古宮內部裝潢華麗精美，也可以逛逛美麗的香遠亭庭園。

德壽宮

 逛完街順便去

 韓劇清單 《王的女人》《明成皇后》

P.65B2

靠近明洞，逛完街順便造訪宮殿，好方便！

昌慶宮

 想要安靜地遊逛

韓劇清單 《同伊》

P.74C2

宮廷內部十分樸實，氣氛寧靜優閒。

昌德宮

 欣賞莊嚴美景

 韓劇清單 《大長今》《閣樓上的王子》

P.74C2

已列為世界遺產，從宏大的建築感受600年的莊嚴歷史。

慶熙宮

 歷史與現代對比

 韓劇清單 《宮》

P.65A2

建於1617年，是朝鮮後期的離宮，在2002年才對外開放參觀。

來韓國怎能錯過韓服體驗！穿上美美的韓服，走進王室宮殿裡來一趟時光旅程～
景福宮、三清洞一帶是聚集最多出租韓服的店家，店家通常有中文人員服務，或是用簡單英
文也可溝通。

韓服

由上半身為短衣、下半身為一片裙所組成，又有分
為日常穿著及婚禮用不同樣式。

領沿：圍住脖子的白色部
份是為了調整服飾整體
視覺。

飾物：小手提
包、飾品、頭
飾為韓服加
分不少！

短衣：上衣
部份設計會
用較華麗的
設計。

長衣帶：原本是用來束縛
腰部的帶子，現在則作為
裝飾。

裙：裙子的布全長約18公
尺，使用大量布料製作。

店家推薦

Dorothy韓服／도로시한복여행
🚇3號線安國站1號出口徒步約2分 🏠鍾路區尹潽
善路23 2F；종로구 윤보선길 23 2F ⏰9:00~19:00
💲2小時₩10,000起，4小時₩15,000，追加1小時
₩5,000

位在三清洞的Dorothy韓服，備有日、中文服務人
員，老闆本人英文也很流利。

K style hub
🚇1號線鐘閣站5號出口徒步約2分 🏠中區清溪川
路40；중구 청계천로40 ⏰9:00~20:00

前身為韓國觀光公社並於2017年改建為K style
hub，提供觀光資訊外還可免費體驗韓服。

如何選喜歡的韓服？
1.先利用網路查好韓服體驗店家，先有2~3間口袋名單再到現
場選衣服。
2.好多顏色都好喜歡怎麼辦？活潑的你可以選擇上衣和裙子是
對比色的韓服，例如上白下藍或上藍下桃紅；喜歡簡單的你選
淡雅的對比色，像是鵝黃色上衣配上玫紅色的裙子，越顯色、照
片拍起來越亮眼！
3.記得選韓服時選有繡金線或銀線袖口或裙擺，馬上貴氣十足。

景福宮周邊還有好多漂亮景點，
走進更在地的首爾，欣賞不同的裏首爾風光！

 MAP P.65 B1 光化門

如何前往

3號線景福宮站5號出口徒步約1分

作為景福宮正門的光化門，在1922年日本殖民時期曾計畫遷移損毀此門，不過最後在民俗運動家的推動下得以保留，並在1970年回歸到現在位於世宗路上的原跡。

夜晚打上燈光更有氣勢。

 MAP P.65 B2 德壽宮
덕수궁

如何前往

2號線市廳站2、12號出口徒步約2分

info

⌂中區世宗大路99；중구 세종대로99 ☏02-771-9955 ⏰9:00~21:00，週一~四10:00、14:30 ⑤全票₩1,000，18歲以下免費 ㉿週一 ●大漢門前的德壽宮王宮守門將交換儀式：11:00、14:00、15:30，逢週一、酷暑期、-5℃以下的嚴寒期不舉行 ⓦwww.deoksugung.go.kr

德壽宮原為成宗之兄月山大君的住宅，今日所見到的德壽宮大部分建於1904年後，規模比起其他皇宮較小，但因位在首爾市中心，加上綠蔭扶疏，成為首爾市民最愛的休憩公園。

🔊 **光化門廣場**

曾是朝鮮時代漢陽中心地的光化門前方，呈現嶄新的廣場，將軍李舜臣和世宗大王的巨型銅像遙遙相對，與背後的景福宮、北漢山連成一線，呈現恢弘壯闊的氣象。

景福宮：順遊景點

有此一說～

首爾的都市傳說
情侶走過德壽宮石牆路必分手？

很多韓國人認為這只是迷信，這條街秋天在銀杏跟丹楓點綴下非常浪漫，反而是著名的約會地點，在石牆路還是可以看到許多韓國情侶的蹤影，對於這樣的傳說不用覺得太可怕。其來由是因為現在的市立美術館是以前首爾家庭法院，夫妻要辦理離婚手續，一定會經過石牆路到達法院，而現在家庭法院已移至良才洞，法院內甚至還設有結婚禮堂！所以就算是情侶也可以到這來走走，不用太擔心。

首爾歷史博物館
서울역사박물관

MAP P.65 A2

如何前往

5號線光化門站7號出口；西大門站4號出口徒步約8分

info

⊙鍾路區新門安路55；종로구 새문안로 55 ☎02-724-0114 🕐9:00~20:00，3~10月週六~日和國定假日9:00~19:00、11~2月週六~日和國定假日9:00~18:00 🈲週一 💲免費 🌐www.museum.seoul.kr

　　位在慶熙宮隔壁的首爾歷史博物館是一座市立博物館，保有首爾歷史發展及

館前的廣場開闢一處獨特的室外展示場，放置著一座骨董電車，述說著首爾交通的歷史。

傳統文化等資料，並有系統地整理後在這裡展出，共分朝鮮首都首爾、首爾人家的生活、首爾文化、城市首爾的發展等主題展區。

獨立門公園
독립문공원

MAP P.65 A2

如何前往

3號線獨立門站4號出口徒步約1分

info

⊙西大門區統一路247；서대문구 통일로247 ☎02-330-1410 🌐cn.sdm.go.kr/sdm_chn/chn/main/index.jsp

　　位於市區西端、仁王山腳下，有一片公園綠地，屬於獨立門公園。園區內還有三一運動紀念塔、韓國殉國先烈的雕像等，向曾經為韓國的獨立自主而貢獻生命的先烈們致敬。

獨立門位於公園的東端，已列為國家史蹟第32號。

在獨立館供奉著為國捐軀的烈士們。

完整保存7幢當時的建築，監獄、刑場、伙房等。

西大門刑務所歷史館
서대문형무소역사관

MAP P.65 A2

如何前往

3號線獨立門站5號出口徒步約1分

info

⊙西大門區統一路251；서대문구 통일로251 ☎02-360-8590 🕐3~10月9:30~18:00、11~2月9:30~17:00 🈲週一 💲全票₩3,000、優待票₩1,000~1,500 🌐www.sscmc.or.kr

　　這裡曾經是大韓帝國末期、日本殖民期間用來高壓統治韓國人所蓋的監獄，有很多抗日的獨立運動人士在裡面飽受酷刑，韓劇《京城緋聞》講述的就是當時的情境。

地下室的展場也嘗試重現當年的情況。

景福宮周邊的美味店家不走華麗裝潢，更能嚐到好吃的庶名美食，走趟當地市場收獲滿滿

土俗村蔘雞湯／토속촌 삼계탕

人蔘雞湯

🏠 鍾路區紫霞門路5街5；종로구 자하문로5길5

在首爾很多地方都可吃到蔘雞湯，要吃最道地的不妨試試「土俗村」。店內的蔘雞湯是用雛雞燉成，在雛雞的內部放入糯米、大蒜、土產梨子、銀杏、芝麻、核桃等多達30餘種藥材及材料，最重要的當然是店家特選的4年根人蔘。

📍P.65A1 🚇3號線景福宮站2號出口，往紫霞門方向徒步約2分 ☎02-737-7444 🕐10:00~22:00

土俗村蔘雞湯
₩16,000
推薦菜

通仁市場

傳統市場

🏠 鍾路區弼雲大路6街3；종로구 필운대로6길3

通仁市場是從日據時代開始的公有市場，長約200公尺，市場內由60~70家商店組成，其中以熟食攤位占大多數，其次為蔬菜、水果與生鮮等商店。2011年起通仁市場與自治團體合作，開始市場內的服務中心、通便當café等顧客服務。「通便當café」是利用韓國的傳統銅板來換取市場內各式市場小吃，只要拿著銅板到市場內擺有「통도시락café가맹점」紅藍牌子的店家，即可用銅板換取食物。

📍P.65A1 🚇3號線景福宮站2號出口徒步約10分 🕐11:00~16:00 🈺週一、每月第3個週日

通便當
₩5,000
推薦菜

孝子洞古早味辣炒年糕／효자동옛날떡볶이

辣炒年糕

🏠 通仁市場內

孝子洞古早味辣炒年糕是通仁市場的排隊美食之一，店家先用辣醬粉、大蒜、蔥等材料製作而成的佐料與年糕一起拌勻，再放入煎台上加以油煎，吃起來多了油煎香氣。

📍P.65A1 🚇同通仁市場 ☎02-735-7289 🕐07:00~20:30

辣炒年糕
₩3,000
推薦菜

付岩洞

位於市區西北隅的付岩洞原本鮮少人知，因韓劇《咖啡王子1號店》帶動觀光風潮，這一帶分布著許多可愛的商店、咖啡館或博物館，不但自然風光優美，藝術氣息也濃厚。

◎景福宮站後至**3號出口**出站，再轉搭公車即可到城北及付岩洞區域。
◎轉搭公車**1020**、**7022**或**7212**號至「**付岩洞住民中心(부암동주민센터)**」站下，景點皆在步行可達的區域。
◎注意此區域多山路與小坡，建議穿運動鞋前往較佳。

店內滿滿的人潮都是衝著美味炸雞來！

🍴 雞熱社
계열사

info

⚲鍾路區石白洞路7；종로구 백석동길7　☎02-391-3566　🕐12:00~23:30　🚫週一　💰炸雞(후라이드)₩22,000、海螺麵線(小份)(골뱅이국수)₩23,000

　　雞熱社憑藉著美味的炸雞成為火熱的排隊美食，室內座位不多但翻桌率高，店家也有提供外帶的服務。店內以炸雞最熱銷，餐點裡的炸馬鈴薯，香脆鬆軟的口感令人吮指回味，還有特別的海螺麵線是當地人必點單品。

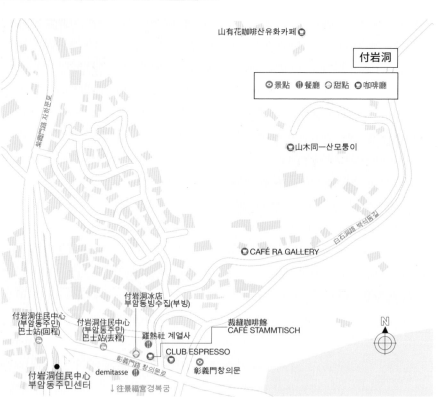

山有花咖啡산유화카페 ◎

付岩洞

| ◎景點 | 🍴餐廳 | 🍰甜點 | ☕咖啡廳 |

◎山木同一산모퉁이

◎ CAFÉ RA GALLERY

付岩洞冰店
부암동빙수집(부빙)

付岩洞住民中心
(부암동주민)
巴士站(回程)

付岩洞住民中心
(부암동주민)
巴士站(去程)

雞熱社 계열사

裁縫咖啡館
CAFÉ STAMMTISCH

CLUB ESPRESSO

demitasse 창의문로

彰義門창의문

付岩洞住民中心
부암동주민센터

↓往景福宮경복궁

N

山木同一
산모퉁이

info

⌂ 鍾路區白石洞路153；종로구 백석동길153

☎ 02-391-4737　⏰ 11:00~22:00　💲 咖啡和茶約
₩6,000起、飲料約₩5,000　🌐 www.
sanmotoonge.co.kr

　曾是韓劇《咖啡王子一號店》的重要場景之一的山木同一，位在付岩洞山坡上，室內還保留許多《咖啡王子一號店》的道具以及攝影集，提供給影迷回味。因山木同一臨近北岳山，到2樓後便可遠眺北岳山全景。

擺放在外頭的黃色車子超顯眼！

外面依舊保留寫著主角崔漢成名字的門牌。

揪團去首爾登山

韓國人已將運動當成習慣，平日早起爬山的老人家眾多，週末假日一到往山裡報到，喜歡登山、大自然的你，到首爾千萬別錯過市區內的山群。

北岳山／북악산

🚇 3號線景福宮站3號出口轉搭公車1020、7022或7212號，於彰義門站 (창의문)下，徒步約2分可達登山口

北岳山為首爾的內四山之一，分有3個入口：彰義門、肅靖門及臥龍公園，靠近彰義門入口的路線較陡峭，對體力頗具挑戰性。

北漢山／북한산

🚇 3號線舊把撥站1號出口，轉搭公車34或704號，於北漢山城入口站下，徒步約10分可達登山口

1983年被指定為韓國第15個國立公園，共有20多條登山路線。

道峰山／도봉산

🚇 1號線道峰山站1號出口徒步約10分可達登山口

道峰山位於北漢山國立公園的北側，有不少地方需要攀著繩索而上，爬起來頗有些難度，適合喜歡迎接挑戰的人。

漫步北村與三清洞的歷史街道感受昔日的美好，
在韓屋咖啡館裡悠閒度過午後時光

造訪北村・三清洞理由

① 周邊古代宮殿林立，就像穿越時空

② 充滿韓國傳統氣息的**韓式建築**

③ 仁寺洞吃小吃、逛古董店

北村・三清洞

MAP
P.74

北村・三清洞
북촌・삼청동
BUKCHON・SAMCHEONG-DONG

景福宮與昌德宮、昌慶宮之間的北村一帶，在過去是兩班貴族的聚集地，位在天子腳下的首善之區，可說是首爾最有古味的地方，百年老韓屋櫛比鱗次，精緻的私人博物館與茶屋等著遊客探訪；而從景福宮以北前往三清閣的路上，這一帶屬於三清洞，由於環境清幽人文色彩濃厚，道路兩旁分布許多個性商店及藝廊，近來許多改建自韓屋的咖啡館及小店更為三清洞注入時尚與歷史的新舊衝擊，讓整個地區充滿讓人驚艷的色彩。

3號線【安國站】
往【北村】從2號出口
往【三清洞】、【仁寺洞】從1號出口

至少預留時間
北村8景踩點：
2~3小時
三清洞小店買物：
2小時
仁寺洞逛逛：
2小時

DO YOU KNOW

三清洞是首爾的富人之地？

三清洞的「三清」意指山清、水清、人清，是形容這裡有乾淨的山、清澈的水及居住著慷慨的人，且據說三清洞是首爾風水最好的位置，所以從以前開始都是上流階級(兩班貴族)的居住地，你看景福宮、昌德宮等宮闕都在周邊，三清洞似乎真是一處貴寶地呢！

漫步真實生活著的韓屋聚集村落「北村」，沒時間逛散落於其間的小型博物館也沒關係，光是在街頭欣賞建築就很有感覺。

由韓屋改建成的商店、咖啡廳、美術館，讓三清洞獨樹一格。喜歡獨特風格或文創的人絕對不能錯過三清洞。

位於仁寺洞北側，是首爾現存古老韓屋最密集的地區，漫步其間宛如回到朝鮮時代。

🔊 穿著韓服逛大街、遊古宮

來到北村三清洞別忘了一定要體驗穿韓服呀！北村和三清洞一帶開了許多間韓服租借店家，租借的時間和價格各異，大約是3小時₩10,000至₩20,000，一般會免費幫忙簡單編髮，而包包、鞋子則是依店家有不同的計算方式。

穿韓服可以免費進入景福宮！

怎麼玩北村・三清洞才聰明？

穿上好走的步鞋

北村和三清分布的範圍很廣，從東端到西端可能要步行超過30分鐘以上；而且山路彎彎曲曲，不容易分辨究竟在哪個路口轉彎，逛北村和三清洞的時候，記得穿一雙耐走、且最好適合走山路的運動鞋。

與景福宮行程安排一起

北村三清洞位於景福宮附近，故可以將行程安排再一起，若行程有排入景福宮可以排在同一天，先至景福宮附近韓服租借店租借韓服，趁一早人潮還不多時，穿著韓服先至北村三清洞拍拍逛逛，沿路完回景福宮，再順勢返還韓服。

串聯仁寺洞

體驗完韓服再從景福宮繼續前往附近的以街邊小吃與韓文招牌著名的仁寺洞，在仁寺洞也可以找到許多韓國當地氣息濃厚的古著、古董，又或是喜歡瓷器銅器或手作品的人，都可以在這邊挖寶。

刻畫首爾600年歷史的北村，巷弄盡是令人讚嘆的風情，精選8處景點，獨享北村綺麗的風光

北村第❶景

北村在朝鮮時代是兩班貴族居住的地方，位於昌德宮西邊。從北村1景可隔著石牆望向昌德宮，這座朝鮮時代只有皇室、貴族才得以窺見的離宮，就這樣若隱若現地映入眼廉。

北村第❷景

沿著昌德宮外石牆，一路向北走到盡頭，會經過韓國美術博物館、宮廷飲食研究院等地，當時這一帶，都是終身為王室效勞的人們居住的地方。

北村第❸景

3景附近有許多韓屋改建成的私人博物館，包括東琳繩結博物館、嘉會博物館等，可以體驗韓國傳統文化的工坊。

北村第❹景

站在嘉會洞31番地的最高點，向著東方望去右上角有一幢醒目的藍色屋頂樓房，是建於1938年的李俊九家屋，在一片黑瓦韓屋中分外搶眼。

北村第❻景

順著5景上坡走至最高處，俯瞰韓屋村看到遠處的市區風景，N首爾塔、鐘閣大樓映入眼簾，不同時代的建築聚集在同一時空裡。

北村第❼景

7景和第5景、第6景相似，只是更偏僻、更靜謐，不過，還是那句話：「在這裡請勿喧嘩」。

北村也有限時參觀囉！
為保存傳統遺產和文化，北村韓屋村已成為觀光必訪景點，但因來訪旅客眾多，甚至有私闖當地住宅情形發生，自2018年7月開始首爾市政府制定參觀時間為週一~六10:00~19:00，週日為休息日。預定前往的人可再多加注意。

北村第❺景

嘉會洞31番地是保存韓屋最不遺餘力的地區，一幢幢韓屋櫛比鱗次。

北村第❽景

北村與三清洞之間有幾處石階路，大幅縮短了距離。這些石階路都是由一整塊的岩石雕刻而成，一氣呵成、穩健踏實。

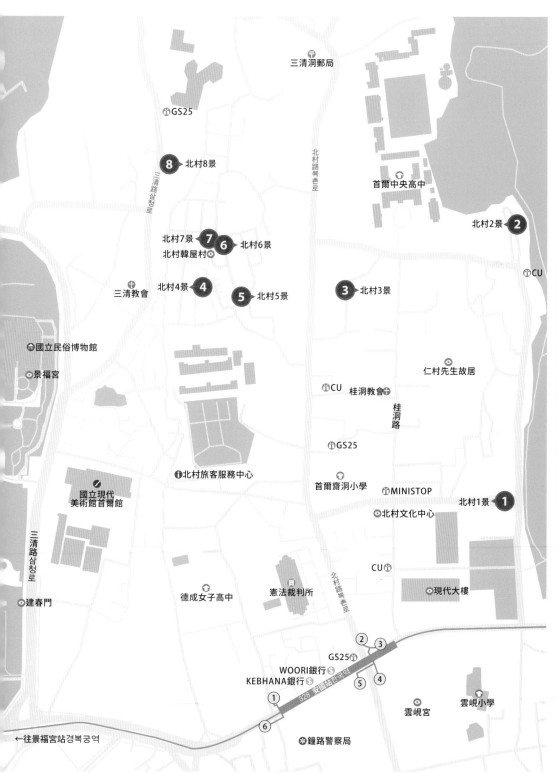

三清洞郵局

☎GS25

❽ 北村8景

首爾中央高中

北村2景 ❷

☎CU

北村7景 ❼ ❻ 北村6景
北村韓屋村

三清教會 北村4景 ❹ ❺ 北村5景 ❸ 北村3景

仁村先生故居

☎CU 桂洞教會✝

🏛國立民俗博物館

◉景福宮

☎GS25

❶北村旅客服務中心

首爾齋洞小學 ☎MINISTOP

國立現代
美術館首爾館

北村1景 ❶

◉北村文化中心

CU☎

三
清
路
삼청로

德成女子高中 憲法裁判所 現代大樓

◉建春門

② ③
GS25☎
WOORI銀行 Ⓢ
KEBHANA銀行 Ⓢ 328 安國站안국역 ④
① ⑤ 雲峴小學

雲峴宮

←往景福宮站경복궁역 ⑥

●鐘路警察局

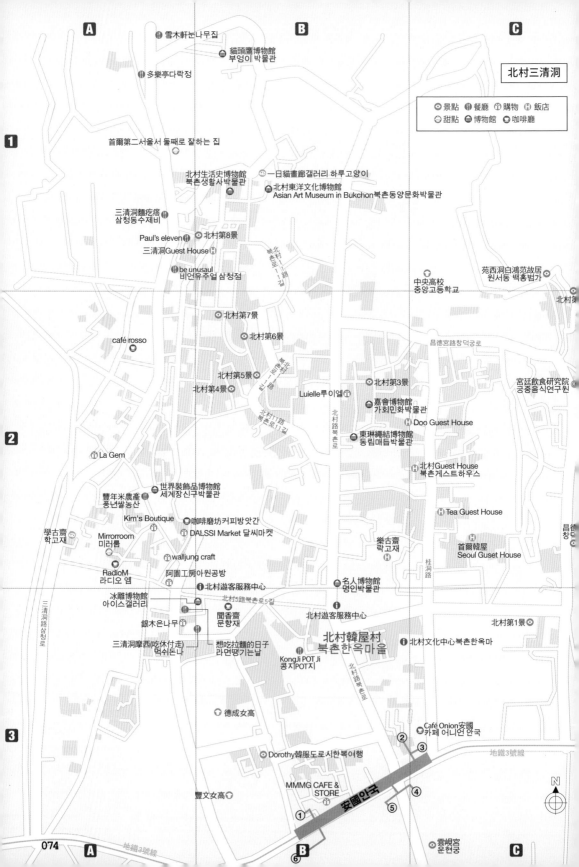

北村三清洞

景點　餐廳　購物　飯店
甜點　博物館　咖啡廳

A　**B**　**C**

1

雪木軒눈나무집

貓頭鷹博物館
부엉이박물관

多樂亭다락정

首爾第二서울서 둘째로 잘하는 집

一日貓畫廊갤러리 하루고양이

北村生活史博物館
북촌생활사박물관

北村東洋文化博物館
Asian Art Museum in Bukchon북촌동양문화박물관

三清洞麵疙瘩
삼청동수제비

Paul's eleven　北村第8景

三清洞Guest House

be unusaul
비언유주일 삼청점

苑西洞白鴻范故居
원서동 백홍범가

中央高校
중앙고등학교

2

café rosso

北村第7景

北村第6景

北村第5景

北村第4景

Luielle루이엘

北村第3景

嘉會博物館
가회민화박물관

Doo Guest House

東琳繩結博物館
동림매듭박물관

La Gem

世界裝飾品博物館
세계장신구박물관

豐年米農產
풍년쌀농산

Kim's Boutique

咖啡磨坊커피방앗간

DALSSI Market 달씨마켓

學古齋
학고재

Mirrorroom
미러룸

walljung craft

阿園工房아원공방

RadioM
라디오 엠

北村遊客服務中心

冰雕博物館
아이스갤러리

聞香齋
문향재

銀木은나무

三清洞摩西(吃休付走)
먹쉬돈나

想吃拉麵的日子
라면땡기는날

KongJi POT Ji
콩지POT지

北村Guest House
북촌게스트하우스

Tea Guest House

首爾韓屋
Seoul Guset House

樂古齋
락고재

名人博物館
명인박물관

北村遊客服務中心

北村韓屋村
북촌한옥마을

北村文化中心북촌한옥마

北村第1景

德成女高

3

Café Onion安國
카페 어니언 안국

Dorothy韓服도로시한복여행

MMMG CAFE &
STORE

安國안국

豐文女高

地鐵3號線

雲峴宮
운현궁

N

宮廷飲食研究院
궁중음식연구원

三清路삼청로

北村路북촌로

昌德宮路창덕궁로

桂洞路

順遊景點

遊逛北村時可以順路參觀些什麼，周邊還有更多好玩又好拍的景點，等你探索更美麗的首爾

北村文化中心
북촌문화센터
MAP P.74 B3

如何前往

3號線安國站2或3號出口徒步約3分

info

⊙鍾路區桂洞巷37；종로구 계동길37　☎02-2133-1371　◉視講座開放時間各異　⑤免費

建成韓屋外觀的北村文化中心，提供多國語言觀光手冊供遊客取閱，從週一到週六會舉辦不同的講座，從韓國傳統民畫、禮節、針線、茶道等，歡迎遊客一起參與。

想要更瞭解韓屋，先走一趟北村文化中心。

北村‧三清洞：順遊景點

宮廷飲食研究院
궁중음식연구원
DIY　MAP P.74 C2

如何前往

3號線安國站3號出口徒步約15分

info

⊙鍾路區昌德宮5巷16；종로구 창덕궁5길16　☎02-3673-1122　◉10:00~16:00(需預約)　⊗週六~日和國定假日　⊕www.food.co.kr

從韓劇《大長今》瞭解朝鮮宮廷裡御膳廚房，來到北村也可以親手製作御膳料理。這裡由服侍過朝鮮最後兩代皇帝的御膳廚房尚宮韓熙順在此傳授宮廷飲食，黃慧性教授協助整理出書。一定要透過預約，方能參加飲食文化體驗課程。

將多種食物擺滿桌面是韓食的精隨之一。

可以體驗製作傳統韓式編織。

東琳繩結博物館
동림매듭박물관
MAP P.74 B2

如何前往

3號線安國站2號出口徒步約12分

info

⊙鍾路區北村路12巷10；종로구 북촌로12길10　☎02-3673-2778　◉10:00~18:00　⊗週一　⑤門票₩1,000

東琳裡面擺滿了各式各樣的韓國傳統繩結作品，有的是古物，有的是現代的作品。不但可以參觀作品，還可以體驗動手編織的樂趣。

075

昌德宮
창덕궁

如何前往

3號線安國站3號出口,朝秘苑方向徒步約8分

info

🏛️ 鍾路區栗谷路 99;종로구 율곡로99　📞02-
762-8261　🕐2~5月和9~10月9:00~18:00、
6~8月9:00~18:30、11~1月9:00~17:30(售票
至關門前1小時)　🚫週一　💰全票₩3,000、優待
票₩1,500　🌐www.cdg.go.kr　❗為了保護此
世界文化遺產,昌德宮內的後苑一律採導遊制,
門票一樣於入口處購買,不過每次限100人,因
此建議先上網預約。

　　昌德宮建於西元1405年,本為朝鮮第三
代國王太宗所建的離宮,1592年壬辰倭亂

時,漢陽大部分宮殿都被祝融所毀,景福
宮殘破未予重建,光海君在1610年重建
昌德宮後,此後270年間都作為朝鮮正式
的宮殿,於1997年登錄為世界文化遺產。

隨著自然地形搭建的昌
德宮,總面積廣達13萬
多坪,與目前開放參觀
為宮殿與後苑兩部分,
後苑一定要跟隨導覽人
員才能入內。

後苑曾為韓劇
《閣樓上的王子》劇中芙蓉
池場景。

昌德宮

- 逍遙亭 • 翠寒亭
- 新璿源殿
- 觀纜亭
- 半島池
- 演慶堂
- 秘苑
- 宙合樓
- 芙蓉池
- 芙蓉亭
- 大造殿
- 熙政堂　秘苑入口
- 宣政殿
- 內醫院
- 仁政殿
- 樂善齋
- 敦化門

古意盎然的宮殿建築和傳
統造景的後苑都韻味雋永,
為朝鮮時期宮殿中保存最完
美的一座。

🔊

專人導覽昌德宮資訊
想要瞭解昌德宮獨特之處,不妨可以參加宮內導
覽,中文導覽時間為10:00、16:00,需時約60分;
後苑導覽時間
12:30,需時
約90分。欲參
加後苑導覽需
加購後苑全票
₩5,000、優待
票₩2,500、6
歲以下免費。

德成女高
덕성여고

如何前往

3號線安國站1號出口徒步約8分

info

⌂鍾路區栗谷路3街50；종로구 율곡로3길 50

　　在韓劇《咖啡王子1號店》裡，某個下雨的夜晚，高恩燦不小心與路人相撞，生氣的路人出手要打恩燦，幸好崔漢杰適時出現，幫恩燦解了圍。這幕英雄救美的畫面，發生在德成女高學校的外牆，從地鐵站西行150公尺左右後右轉，就會看見這個路段，這裡也是《鬼怪》拍攝景點之一。

景地。眾美麗的外牆是此地像回到朝鮮時代。穿上韓服走過

雲峴宮
운현궁

如何前往

3號線安國站4號出口徒步約3分

info

⌂鍾路區三一大路464；종로구 삼일대로464　☎02-766-9090　◎4~10月9:00~19:00、11~3月9:00~18:00(售票至關門前30分鐘)　㉠週一　⑤免費　☑www.unhyeongung.or.kr

　　雲峴宮並非真正的宮殿，在19世紀末，屬於高宗的親生父親興宣大院君的住所，高宗12歲之前在這裡生長；出身平民的明成皇后入宮前也被大院君收養，住進雲峴宮接受宮廷教育；高宗與明成皇后的婚禮也在這裡舉行。

「老安堂」為大院君起居所，黑白色調模樣簡約。

北村・三清洞・順遊景點

宗廟
종묘

如何前往

1、3、5號線鍾路3街站7、8、11號出口徒步約5分

info

⌂鍾路區鍾路157；종로구 종로157　☎02-765-0195　◎2~5月和9~10月9:00~18:00、6~8月9:00~18:30、11~1月9:00~17:30(售票至關門前1小時)　㉠週二　⑤全票₩1,000、優待票₩500　☑jm.cha.go.kr　❶週一、三、四、五、日需有中文導覽11:00、13:00、15:00

　　宗廟是朝鮮王朝的開國始祖李成桂在平定首爾後所建。他參考中國風水，在景福宮以西建社稷壇，以東蓋了宗廟。宗廟

每年5月的第一個週日，會在此舉辦宗廟大祭

正殿是祭祀初代太祖李成桂為首的19代皇帝和皇后，水平狀的屋簷象徵永恆。

不僅為放置歷代朝鮮皇帝和皇妃神位之處，王室祭典也在此舉行。現被聯合國教科文組織列為世界遺產。

北村、三清洞一帶集聚眾多好吃店家，
想要吃正餐或喝下午茶，這些選擇推薦給你

三清洞摩西/吃休付走/먹쉬돈나

辣年糕鍋

部隊鍋 ₩5,000
推薦菜

鍾路區栗谷路3街74-7；
종로구 율곡3길 74-7

三清洞摩西可以選擇一種或多種鍋底，待放入鍋底和配料的年糕鍋滾就可以開動，湯頭十分濃郁不會太辛辣，吸足湯汁的年糕香Q，不夠飽的話還可以加點炒飯，用鍋中剩下的湯汁拌炒飯也超推！

P.74B3　3號線安國站
1號出口徒步5分　02-723-8089　11:00~20:40

三清洞麵疙瘩/삼청동수제비

麵疙瘩

麵疙瘩 ₩8,000
推薦菜

鍾路區三清路101-1；종로구 삼청로101-1

開業近30年的三清洞麵疙瘩，深受上班族與居民喜愛。以小魚乾、蘿蔔、海鮮熬成的湯頭香濃夠味，雖然一碗台幣要200多元，但生意好得不得了，還有馬鈴薯、青蔥、綠豆等口味煎餅也值得一試。

P.74A1　3號線安國站
1號出口徒步約18分　02-735-2965　11:00~21:00

想吃拉麵的日子/라면땡기는날

拉麵鍋

鍾路區栗谷路3街82；종로구 율곡로3길82

想吃拉麵的日子只賣拉麵，起司拉麵和餃子年糕的拉麵是招牌，以及新菜單的激辣雜燴拉麵，搭配店家特製的黃蘿蔔和泡菜等小菜，更是加分！吃不飽的人還可加點白飯。

P.74A3　3號線安國站1號出口徒步約6分　02-733-3330　週一~六9:30~19:00，週日9:30~17:00　休第二、四週日

起司拉麵 ₩3,500
推薦菜

雪木軒/눈나무집

年糕牛肉排

鍾路區三清路136-1 2~3F；서울 종로구 삼청로136-1 2~3F

雪木軒是三清洞老字號餐廳，這裡最出名的當屬年糕牛肉排，將調味後的牛絞肉，打成肉排煎熟，再與年糕條一起放入鐵盤，吃起來像漢堡肉，但味道又香又辣又甜，年糕則是帶著Q勁，可惜份量不多。除了肉排，這裡的泡菜拉麵、綠豆煎餅和韓式餃子也是招牌。

P.74A1　3號線安國站1號出口徒步約20分　02-739-6742　11:00~21:00

年糕牛肉排 ₩12,000
推薦菜

Mirrorroom/미러룸
韓屋咖啡館

瑞士捲
₩7,500
推薦菜

🏠 鍾路區三清路2街40；종로구 삼청로2길40

Mirrorroom外觀是韓屋造型，簷外也是可以休憩的好角落，咖啡店內一側是整面的大鏡子，與美輪美奐的韓屋組合相當美，再點上一杯咖啡配上甜而不膩的瑞士捲，度過悠閒午後時光。

🗺 P.74A2　🚇 3號線安國站1號出口徒步15分　☎ 02-6085-3900

🕐 11:00~22:00

刨冰
₩4,500
추천菜

咖啡磨坊/커피방앗간
街邊咖啡

🏠 鍾路區北村路5街8-11；종로구 북촌로5가길8-11

位在三清洞巷內轉角的咖啡磨坊，由本想成為畫家的老闆開設，賣咖啡之餘還是會作畫，店內店外都能看到幾幅畫作掛在牆上。咖啡磨坊充滿許多復古小物及擺飾，供應咖啡、飲品和輕食。

🗺 P.74A2　🚇 3號線安國站1、2號出口徒步約15分　☎ 02-732-7656

🕐 11:00~23:00

豐年米農產/풍년쌀농산
炸年糕串

🏠 鍾路區北村路5街32；서울종로구 북촌로5가길32

豐年米農產是三清洞很有名的年糕店，店內招牌是炸年糕串，將炸得酥脆的年糕一個個串起，酥脆又軟Q；另外，血腸搭配豬肝等血腸拼盤和炸物也很好吃。如果想坐下享用，直接選位子坐下開始點餐，點完先付款即可。只是店內採開放式空間，因此無冷氣，夏天可能會吃到爆汗。

🗺 P.74A2　🚇 3號線安國站1、2號出口徒步約15分　☎ 02-732-7081

🕐 11:00~20:00

🈺 週二

炸年糕串
₩1,000
推薦菜

紅豆粥
₩7,000
推薦菜

首爾第二/서울서 둘째로 잘하는 집
紅豆粥

🏠 鍾路區三清路122-1；종로구 삼청로122-1

這家位於三清洞尾端的甜品店，是幢改建過的韓屋，1976年開店之初，主要賣韓方藥茶後來增加了獨家的紅豆粥，沒想到後者受歡迎的程度反而成為店內主角。

🗺 P.74A1　🚇 3號線安國站1號出口徒步約25分　☎ 02-734-5302

🕐 11:00~21:00　🈺 週一

仁寺洞在朝鮮時期集結許多達官貴族,是上流社會的居住場所,在日據時期因為戰爭,沒落貴族們為了生活不得不將家中的物品出售,形成別具特色的骨董街;如今仁寺洞可說是全首爾最具藝術氣息的地方。

◎順著三清洞路往地鐵站方向走,即可抵達仁寺洞街的北口起始點。
◎3號線至安國站6號出口出站,順著大馬路直行約1~2分鐘,這裡是仁寺洞與三清洞的交接口,也接近Ssamziegil。
◎1、3、5號線鍾路3街站5號出口徒步約3~5分,可達南口仁寺洞遊客服務中心。
◎1、3、5號線鍾路3街站4號出口就可以馬上到達韓屋聚集的益善洞。

🎁 **人人廣場**
Ssamziegil / 쌈지길

info

📍P.81A1 🏠鍾路區仁寺洞街44;종로구 인사동길 44 ☎02-736-0088 🕐10:30~20:30,遊樂場11:00~20:00(入場至19:00) ⛔農曆新年、中秋節當日 🌐www.ssamzigil.com

這棟由Ssamzie服飾公司規畫、韓國建築師崔文奎設計的商場,從建築物外觀到小細節的設計,都十分講究又別具童趣。建築物樓層分部為B1樓至4樓頂樓,進駐文創小店、咖啡館、餐廳,遊逛半天也好玩。

海鮮炒碼拉麵分量十足、湯頭爽口。

免費供應的泡菜、黃蘿蔔是拉麵的最佳夥伴!

🎁 **三淑拉麵**
삼숙이라면

info
📍P.81B2 🏠鍾路區鍾路11街30;종로구 종로11길 30 ☎07-720-9711 🕐8:30~21:00 ⛔週日 💲拉麵類₩7,000,飯糰(주먹밥)₩1,500,拉麵+飯糰₩8,000

跟著國名主廚白鍾元吃道地的巷弄隱藏美食!拉麵是韓國人引以為傲的美食之一,這間位在仁寺洞散步街小巷內的「三淑拉麵」更是將拉麵提升為主角,加入食材配料做成份量十足的風味拉麵。

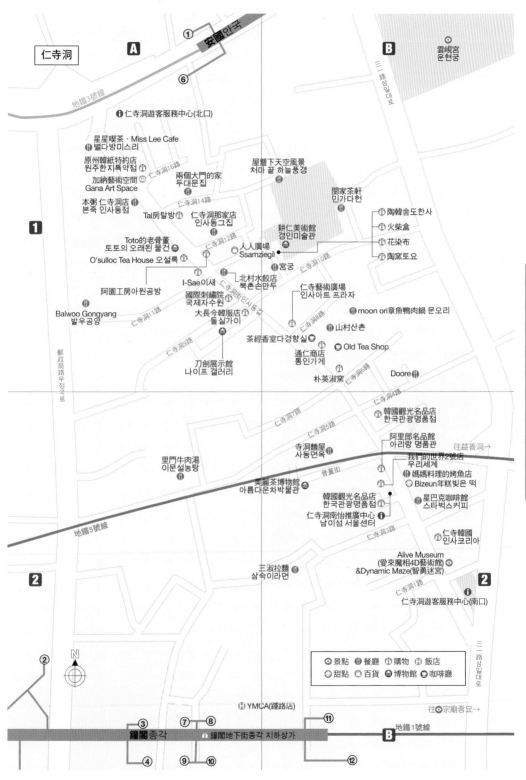

仁寺洞

A

B

安國안국

① 安國안국

⑥

雲峴宮
운현궁

地鐵3號線

ⓘ 仁寺洞遊客服務中心(北口)

星星喫茶・Miss Lee Cafe
별다방미스리

原州韓紙特約店
원주한지특약점   仁寺洞16路

加納藝術空間
Gana Art Space

本粥 仁寺洞店
본죽 인사동점   Tal房탈방

屋簷下天空風景
처마 끝 하늘풍경

閔家茶軒
민가다헌

兩個大門的家
두대문집

仁寺洞14路

仁寺洞那家店
인사동그집

三一路삼일대로

陶韓舍도한사

火柴盒

耕仁美術館
경인미술관

花染布

Toto的老骨董
토토의 오래된 물건

仁寺洞12路

人人廣場
Ssamziegil

陶窯토요

O'sulloc Tea House 오설록

仁寺洞11路

宮궁

仁寺洞10路

I-Sae이새

北村水餃店
북촌손만두

仁寺藝術廣場
인사아트 프라자

阿園工房아원공방

國際刺繡院
국제자수원

moon ori章魚鴨肉鍋 문오리

Balwoo Gongyang
발우공양

仁寺洞11路

大長今韓服店
돌실가이

仁寺洞9路

茶經香室다경향실

山村산촌

通仁商店
통인가게

Old Tea Shop

郵政局路우정국로

刀劍展示館
나이프 갤러리

朴英淑窯

Doore

仁寺洞8路

仁寺洞7路

仁寺洞5路

韓國觀光名品店
한국관광명품점

阿里郎名品館
아리랑 명품관

往益善洞→

里門牛肉湯
이문설농탕

寺洞麵屋
사동면옥

我們的世界2號店
우리세계

骨董街

媽媽料理的烤魚店
Bizeun年糕빛은 떡

美麗茶博物館
아름다운차박물관

韓國觀光名品店
한국관광명품점

星巴克咖啡館
스타벅스커피

仁寺洞南怡推廣中心
남이섬 서울센터

仁寺韓國
인사코리아

地鐵5號線

仁寺洞3路

Alive Museum
(愛來魔相4D藝術館
&Dynamic Maze(智勇迷宮)

三淑拉麵
삼숙이라면

仁寺洞1路

2

ⓘ 仁寺洞遊客服務中心(南口)

2

⊙ 景點   ⑪ 餐廳   ⑪ 購物   ⑭ 飯店
◎ 甜點   ⏷ 百貨   ⑪ 博物館   ◎ 咖啡廳

三一路삼일대로

往宗廟종묘→

⑪ YMCA(鐘路店)

②

N

北村・三清洞・串聯行程

③ 鐘閣종각

⑦ ⑧

ⓘ 鐘閣地下街종각 지하상가

⑪

B

地鐵1號線

④

⑨ ⑩

⑫

081

本粥 仁寺洞店
본죽 인사동점

info

📍P.81A1 🏠鍾路區仁寺洞街51-2；서울 종로구 인사동길51-2 ☎02-722-6288 🕐9:00~20:00、週六~日9:00~18:00 💰粥品₩9,500起 🌐www.bonif.co.kr

　始於2002年的本粥(본죽)秉持食療的概念，使用各種養生健康的食材熬煮成軟糯濃郁的稠粥，短短10年間已經開了上千家分店，受歡迎的程度不難想見。韓版《流星花園》裡金絲草在粥店裡打工，就是在本粥其中一家分店取景。

北村‧三清洞⋯串聯行程

粥品口味有松茸、鮑魚、章魚泡菜、蟹肉、辣味牛肉等選擇。

骨董街

info

📍P.81B2 🏠鍾路區仁寺洞；종로구 인사동 🕐約10:30~22:00(各家不一)

　仁寺洞這一帶在朝鮮時代是高官、貴族們居住的地區，直到日本占領韓國，沒落的貴族只好把家中收藏的珍品拿出來變賣，位於通往「美麗茶博物館」前的這條小巷子，更是家家都是骨董店。

星巴克咖啡館
스타벅스커피

info

📍P.81B2 🏠鍾路區仁寺洞街14-3；종로구 인사동길14-3 ☎02-758-8022 🕐週一~四7:00~22:00、週五7:00~23:00、週六~日8:30~22:00

　位於仁寺洞南端入口附近的星巴克咖啡館(Starbucks)，為了凸顯出仁寺洞的文化特質，用韓文寫著「스타벅스커피」，因具有象徵意義，成為觀光客必拍照的景點之一。

益善洞

益善洞胡同內保存了不少老式韓屋，顯得更為古色古香，這幾年也因進駐了不少特色餐廳、茶館和咖啡館，帶來不一樣的年輕朝氣。(地圖：P.81B2)

SOLBANGEL BAKERY 솔방울베이커라

⌂鍾路區西順羅街89-15；서울 종로구 서순라길 89-15 ☏0507-1349-1201 ◷11:00~21:00 ㊡週一 Ⓢ咖啡₩4,000起、麵包₩3,500起

「SOLBANGEL BAKERY」位於炙手可熱的益善洞商圈，整棟的韓式木造建築在街道上十分顯眼。一推開店門馬撲鼻而來麵包香氣，點餐區旁可以看見麵包的部分製程，點完餐往裡面走就能看見不同的空間設計，韓式木屋推開窗就是難見中庭的庭院設計，走上二樓有更多人數的座位區，還有一個小露臺可以享受陽光。

> 晴朗時可以坐在戶外座位。建議可以天氣

義大利少年 이태리총각

> 番茄海鮮義大利麵有番茄的清甜及蟹肉的鮮味。

⌂鍾路區紫霞門路9街11；종로구 자하문로9길 11 ☏02-730-8893 ◷11:30~22:00 Ⓢ海鮮番茄義大利麵(해산물토마토파스타)₩22,000、義式番茄披薩(마리나라피자)₩15,000

義大利少年就位在轉角巷內，店內風格充滿義式優雅，從中庭灑落而下的陽光將牆上的畫作和桌上的鮮花照耀的鮮豔動人。這裡供應披薩、義大利麵、燉飯和沙拉等特色義式料理，也提供酒精飲品，很適合三五好友聚會或約會。

植物咖啡館 식물

> 是一間CAFE & BAR，提供飲品、披薩和啤酒。植物咖啡館其實

⌂鍾路區敦化門路11街46-1；종로구 돈화문로11다길 46-1 ☏02-747-4854 ◷週日~四11:00~24:00，週五~六11:00~1:00 Ⓢ美式咖啡(아메리카노)₩5,500、植物咖啡(식물커피)₩7,000

2014年底在益善洞開幕的植物咖啡館，說是帶動益善洞人潮的始祖也不為過，灰色的工地風格是由時尚攝影師路易斯朴所打造，將3間韓屋打通所創造出的空間又是個繽紛的小天地，相當引人注目。

益善洞121 익선동121

⌂鍾路區敦化門路11街30；종로구 돈화문로11나길 30 ☏02-765-0121 ◷週一~五11:00~22:00、週六~日11:00~20:00 Ⓢ豬肉香菇韭菜大醬湯拌飯(표고부추된장비빔밥)₩10,000、半半雙色咖哩(반반카레)₩8,000

益善洞121為了珍藏只有在益善洞才有的美好時光，保留了過去留下的塗鴉和報紙痕跡，給予一個靜謐的用餐空間。提供由新鮮材料特製的咖哩，尤其點兩種口味的半半雙色咖哩非常有人氣，有番茄雞咖哩和牛肉香菇咖哩等選擇。

24小時不打烊！想要買滿、逛滿就來東大門！
時尚新指標的著名景點DDP也超級好拍！

坐落在DDP旁的玫瑰燈海已成為常設展覽，LED花海由25,550朵玫瑰構成，與夜色相映成最浪漫的一幅畫。

造訪東大門理由

① 24小時不休息，瘋狂購物到天亮

② 放膽地享受跟老闆殺價的樂趣

③ DDP設計廣場拍超有意境的網美照

MAP P.15 B2

東大門
동대문 /
DONGDAEMUN

1、4號線【東大門站】
2、4、5號線【東大門歷史文化公園站】
1號線【鍾路5街站】

至少預留時間
東大門購物：
半天
逛逛東大門DPP：
2小時

東大門是來到首爾必逛的購物天堂；雖然這幾年，也有人因為東大門的東西參差不齊、人潮擁擠而興趣缺缺，但它仍然保持不墜的名氣；加上這裡除了買，也有不少有名的小吃美食，已落成的東大門歷史文化公園，加入東大門設計廣場(DDP)裡的眾多設計品牌與質感小店，以及每年在不同時期舉辦各大時尚SHOW，讓東大門的傳統與新潮相容並蓄，蛻變出不同的東大門印象；因此，對初訪首爾的人來說，這裡仍然值得造訪、認識。

Do YOU KnoW

東大門站與東大門歷史文化公園站快速出口指南

只要掌握這兩站的出口通往景點、方向，可以省下不少移動時間。

出口號碼	東大門站
4號出口	東大門文具玩具批發市場
6號出口	豬骨街
7號出口	東大門傳統市場聚集地
8號出口	東大門購物商圈、都塔免稅店、Migliore百貨
9號出口	一隻雞街、烤魚街

出口號碼	東大門歷史文化公園站
1號出口	直結東大門歷史文化公園及東大門設計廣場(DDP)、南平和市場、新東平和市場、清溪川方向
2、14號出口	東大門批發商圈
4、5號出口	The Summit Hotel Seoul、新羅酒店

韓國的路邊攤和布帳馬車 (포장마차)

韓國的路邊攤分成專賣外帶小吃的攤販，以及傍晚才開始營業的內用簡便居酒屋—布帳馬車(포장마차，Pojangmacha)。小吃攤適合嘴饞想吃點小東西的時候去，晚上再到布帳馬車和韓國人並肩喝一杯，可以更深入體驗首爾的美食世界！像是阿峴站、東大門及南大門等特定地方都有整排的組合攤販。

東大門已是亞洲數一數二的服飾批貨大本營，白天零售、晚上批發，整天人潮洶湧。

對於在東大門工作的人而言時間就是金錢，工作、吃飯都要快快快，所以時常能看到頭頂著鐵盤送外賣餐點的大媽或年輕人穿梭在人群中。

坐落於東大門歷史文化公園對面的apm PLACE是間以批發商場為號召的購物中心，玻璃帷幕的新潮外觀吸引目光。

必逛廣藏市場

廣藏市場嘗試活章魚吸住嘴巴的奇特口感，再試試麻藥飯捲、綠豆煎餅、刀削麵，飽餐一頓後，逛逛市場內的古物、手作工藝品，再沿著清溪川散步至東大門，一路逛到半夜。

批發市場的規則

東大門仍是以批發商場為主，大多批發市場店家基本上單件不販售，同一款需兩件才會販售，建議找同行友人一起湊，還有部分單件就販售的商場，殺價時候強調用現金結帳的話，能得到更好的折扣價。

還是要貨比三家

東大門能購物的地方真的很多，其實服飾商品重覆率很高，有可能這家賣兩萬、隔壁一棟商場一萬五就可以買到，如果有時間的話不妨慢慢逛、慢慢找，一定可以找到CP值高的商品。

參觀重點

東大門除了批發商場，周邊還有一處結合時尚及藝術的新聚點，最新潮流都在這裡！

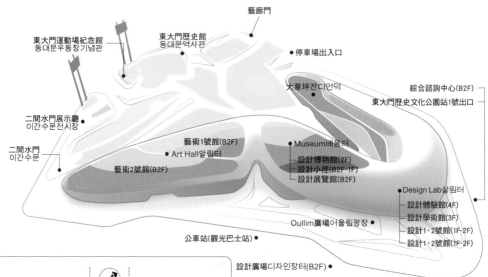

東大門運動場紀念館 동대문운동장기념관
東大門歷史館 동대문역사관
藝廊門
停車場出入口 주차장출입구
二間水門展示廳 이간수문전시장
大草坪 잔디언덕
綜合諮詢中心(B2F)
東大門歷史文化公園站1號出口
二間水門 이간수문
藝術1號館(B2F)
Art Hall 알림터
Museum 배움터
設計博物館(2F)
設計小徑(B2F-1F)
設計展覽館(B2F)
藝術2號館(B2F)
Design Lab 살림터
設計體驗館(4F)
設計學術館(3F)
Oullim廣場 어울림광장
設計1、2號館(1F-2F)
設計1、2號館(1F-2F)
公車站(觀光巴士站)
設計廣場 디자인장터(B2F)

東大門設計廣場DDP這樣去！

1、4號線東大門站7號出口徒步約6分；2、4、5號線東大門歷史文化公園站1號出口徒步約1分。東大門歷史文化公園站1號出口出站即直結DDP的地下樓層，站口附近有許餐廳、咖啡館，一出站即可抵達廣場、Kakao Friends東大門店。

東大門歷史文化公園
동대문역사문화공원

⌂中區乙支路281；중구 을지로 281

東大門在過去是一座擁有600年歷史的城牆，然而這段過往似乎早就被購物的氣息所淹沒，於是東大門歷史文化公園於2009年開始動工，希望藉由公園的建立重新找回東大門的歷史意義，也提供一個休憩娛樂空間。

東大門設計廣場DDP
동대문 디자인 플라자

◉展覽開放時間10:00~19:00，週三、五10:00~21:00
㊡週一

東大門設計廣場賦予東大門全新面貌及注入時尚氣氛，它是首爾在世界設計首都活動和建設中的指標性建築，建築師哈蒂提到東大門設計廣場及公園最主要的目的：「要在首爾最繁忙、最具有歷史意義的區塊中心，打造一個文化的集散中心，帶給首爾市民愉快和振奮的心情。」

東大門設計廣場是首爾指標性設計建築。

DDP有設計博物館、圖書館、公園，成為首爾的文化綠洲。

Art Hall

⏰ 10:00~21:00

1925年日治時期東大門城牆被拆除，改建成一座現代化的運動場，名為京城運動場，歷經多年的變動，在2007年運動場面臨拆除，為了讓大家能重新追憶這段過往，於是在2009年，在此建立這座東大門運動場紀念館。

東大門運動場紀念館
동대문운동장기념관

⏰ 10:00~21:00

1925年日治時期東大門城牆被拆除，改建成一座現代化的運動場，名為京城運動場，歷經多年的變動，在2007年運動場面臨拆除，為了讓大家能重新追憶這段過往，於是在2009年，在此建立這座東大門運動場紀念館。

館內展示曾在這座運動場舉行的運動比賽資料。

將韓國人記憶中的運動場改建為紀念館。

DDP逛什麼？

MonAmi Concept Store 東大門DDP店／모나미 컨셉스토어
🔺東大門設計廣場DDP1F (櫃位C-2)
⏰週一～五10:00~21:00，週末10:00~22:00

MonAmi為韓國自有的文具品牌，自1963年創立至今，除了知名的專業美術用品，也開發年輕、具創意的文具DIY組合。

東大門DDP店中空間設計感十足，全白和木質裝潢讓人彷彿像到展覽館。

Kakao Friends Store東大門DDP店
🔺東大門設計廣場DDP B1F
⏰ 10:30~22:00

韓國人氣角色專賣店kakao friends Store也進駐DDP，雖因空間限制無法擺設特殊裝潢，但一樣有許多可愛爆發的角落可以大肆拍照。

空間廣闊，沒有擠人潮，可以逛得很舒服。

🔊 **東大門站？東大門歷史文化公園站？傻傻分不清**

相信一說到韓國旅遊的血拼地，最先想到的應該是到不夜城－東大門。其實東大門批發購物市場其實不在東大門站，而是距離東大門歷史文化公園站較近，最近人氣很高的DDP設計廣場LED玫瑰花海也是位於此站，如果從東大門下車也沒關係，走過來的路上可以順便逛逛。

清溪川

清溪川開川的歷史已經超過500年，原本是一條因地形而出現的水道，後經人工整治後美化成市民最棒的休息地。

如何抵達清溪川
5號線光化門站下，從5號出口出站，步行約1~2分可達；或搭1號線分別至市廳站、鐘閣站、鍾路3街站、鍾路5街站、東大門站、新設洞站；或搭2號線至乙支路入口站、乙支路3街站、乙支路4街站、新堂站、上往十里站；或搭4號線至東大門歷史文化公園站，步行皆可達清溪川畔。

清溪川／정계천

橫貫首爾江北地區中心的清溪川，是一條人工開出、從市政府附近的光化門區域往東延續到上往十里區域的一條溪流。韓國政府大刀闊斧展開清溪川的重建工作，幅面不寬的水道兩旁除了植滿各式路樹，更可在溪道上看到由韓國傳統名畫所裝飾成的壁畫，及重現古早居民所使用的洗衣石與石橋。

溪流在夜間更點綴色彩華麗的燈光設計，讓開發已久的江北地區灰色叢林多了一股浪漫的氣息與市民休憩的空間。

清溪廣場／청계광장

位在首爾中心位置、鄰近光化門的清溪廣場算是清溪川的起點，也是清溪川的象徵。在廣場內有八石潭、光之地圖及瑞典普普藝術家的雕塑作品「Spring」。

廣通橋／광통교

清溪川之上共有22座橋，廣通橋是其中最大規模的橋梁，曾經是朝鮮時代皇帝和使臣們行車經過的交通要道。初是一座土橋，1410年改建為如今日的石橋。

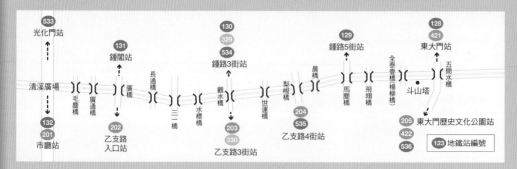

最推薦的清溪川散步路線

觀賞清溪川最佳之處是位於第一段起點的光化門附近，地鐵出口右方為清溪川起點的清溪廣場噴水池，這裡在週末會不定期舉辦各種市民活動。

另一個賞玩的好地點是東大門運動場，從1號出口徒步約10分鐘，穿過購物人潮後即可看到清溪川，走到清溪川邊散散步，是欣賞首爾風光的好辦法之一，想要更深入走訪清溪川可以上網預約徒步行程。🕸tchinese.visitseoul.net/index

逛清溪川也可以順便玩K style hub

📍中區清溪川路40；중구 청계천로40
🕐9:00~20:00

位在清溪川邊的K style hub前身為韓國觀光公社，提供多國語言觀光手冊，中心也有進駐英語及中文的服務人員，及闢有傳統文化、韓食製作等展覽館。

5樓展出韓國多項文創商品。

正祖班次圖／정조반차도

正祖班次圖介於長通橋和三一橋之間，壁畫長達192公尺，壁畫使用5,120塊長寬各30公分的磁磚，描繪1,700多名官兵、800多匹馬。

正祖班次圖是誰畫的？
正祖班次圖是由朝鮮時代知名的畫家金弘道——也就是韓劇《風之畫師》裡面的男主角的作品，描繪正祖亦即當時的皇帝李祘，為了祝賀母親惠慶宮洪氏60大壽，行車到水原的遊行壁畫。

清溪川時裝廣場文化牆／청계천 패션광장 문화의벽

位於清溪川中央地帶有美麗的噴泉水柱，因就位於東大門最熱鬧的商圈內，便稱之「時裝廣場」，一旁的牆面有由5位當地藝術家共同創作的壁畫作品。

壁畫作品讓清溪川更為生動、有趣。

東大門：：參觀重點

089

順遊景點

東大門有許多營業到半夜的時尚批發市場，
要怎麼逛才不遺漏，百貨商場清單報你知！

現代都市折扣店 Hyundai City Outlets

MAP P.90 B2

如何前往

1、4號線東大門站8號出口，
或2、4、5號線東大門歷史文化公
園站14號出口徒步約6分

info

中區獎忠壇路13街20；중구 장충단로13길 20
02-2283-2233　11:00~23:00

　百貨1樓為美妝專櫃，2樓是家居、家私
和寢具商品區，還有小型家電；3樓為女裝
服飾；4~5樓為休閒服飾；6樓為男裝、男
性沙龍；7樓是戶外和運動用品區，8樓則
是童裝區；9樓則以餐廳和咖啡廳為主。

DOOTA Mall

MAP P.90 B2

如何前往

1、4號線東大門站8號出口徒步約3分；2、4、5
號線東大門歷史文化公園站14號出口徒步約6分

info

中區獎忠壇路275；중구 장충단로 275　02-
3398-3114　週一~六10:30~5:00、週日
10:30~24:00　https://www.doota-mall.com

　DOOTA Mall(斗山塔購物中心)引進品項
齊全價格免稅的商品，雖說免稅貨比三家
還是必要的。進駐眾多設計師品牌，以獨特
風格、品牌質感突顯與其他店家的不同。

装置藝術也是來此逛街的看點之一！

東大門：順遊景點

Hello apM

MAP P.90 B2

如何前往

1、4號線東大門站8號出口徒步約5分；2、4、5
號線東大門歷史文化公園站14號出口徒步約3分

info

中區獎忠壇路253；중구 장충단로 253　02-
6388-1114　10:20~5:00　週二

　Hello apM的1~3樓是女裝，從當季流
行、年輕休閒、上班族套裝等各種款式一
網打盡；8樓個性品牌區，風格各異的店
鋪裡販賣生活雜貨以及品牌商品。

apm PLACE

MAP P.90 B2

如何前往

2、4、5號線東大門歷史文化公園站10號出口徒步約1分

info

⊕中區乙支路276；서울 중구 을지로 276　☏02-2200-5678　◷20:00~5:00　㊡週六

　　坐落於東大門歷史文化公園對面的apm PLACE是間以批發商場(Wholesale Market)為號召的購物中心，裡頭每間店面結合百貨公司專櫃的整齊有序，也讓每個櫃面能表現獨特美感，因此有著耳目一新的感覺，也能細細地欣賞、挑選自己想要的商品。

　　apm PLACE地下1~2樓以飾品、包包為主，1~8樓都是女裝，而且愈高的樓面服裝款式愈成熟。這裡的商品強調正韓貨，皆是時下最流行的服裝款式，大部分的專櫃提供會說中文的服務人員，所以想試穿、想購買都不會有問題。

擁有獨特美感的商品吸引目光。

Maxtyle

MAP P.90 B2

如何前往

1、4號線東大門站7號出口徒步約5分；2、4、5號線東大門歷史文化公園站1、2號出口徒步約10分

info

⊕中區馬場路3；중구 마장로 3　☏02-2218-0000　◷週一～五11:00~5:00、週六11:00~2:00　㊡週日　ⓦwww.maxtyle.com

　　Maxtyle的B1~2空間是女裝，款式新潮，要特別留意一些貼上大大價格標籤的衣服，會讓人有「以地攤貨的價格買到百貨公司商品」的驚喜，服飾、雜貨商品都很豐富，可以找到便宜好貨。

Migliore

MAP P.90 B2

如何前往

1、4號線東大門站8號出口或2、4、5號線東大門歷史文化公園站14號出口徒步約5分

⊕中區獎忠壇路263；중구 장충단로 263　☏02-3393-0005　◷10:30~4:30　㊡週一

　　Migliore的店家較平價，B1~3樓以女性商品為主；2樓還有許多有設計感的上班族服飾；3樓走休閒風，有不少具個性和質感的衣物。而5、7樓則可以把鞋包配件一次買齊。

殺價這樣說

在東大門要殺價時可以試著說這些韓文，記得帶計算機、或開手機計算機功能，和商店進行交涉。

請算便宜一點 깎아주세요(kka-kka-ju-se-yo)

太貴了買不起~ 비싸서 못사겠네요~(bi-ssa-so mot-sa-ket-ne-yo)

另外有個妙計，如果遇到的是男店員，不妨可以再多加個歐巴오빠(o-ppa)，女店員就叫歐尼언니(un-ni)，說不定店員們聽了開心會有更多折扣哦。

東大門的傳統商場

東大門市場最早是由這些傳統商場帶領整區的繁榮，這些商場內大多為2~4層樓的舊式低矮建築，賣的衣服大多樸實、傳統，售價比百貨公司便宜2~3成。

東大門文具玩具批發市場／동대문문구.완구도매종합시장

文具玩具批發市場兩旁開了約百家的文具、玩具店，其中以玩具店比例占的更多些。

兒童文具、玩具，這裡都可以5~7折價買到。

東大門綜合市場·購物城／동대문종합시장·쇼핑타운

東大門市場指的是這棟東大門綜合市場及購物城，5層樓共計5千多家的店面成為規模最大、最醒目的購物商場。

芳山市場烘焙巷／방산시장 베이커리골목

芳山市場販售烘焙相關用品，模型和包裝材料做的特別可愛，也吸引不少國外愛好烘焙的人慕名前往。

平和市場／평화시장

平和市場1樓賣有男女服飾，2樓則是女裝、童裝和改良韓服，3樓是男裝；平和市場有眾多店家，穿梭其間很有尋寶的感覺。

南平和市場／남평화시장

南平和市場以賣包包、皮箱、皮帶和牛仔褲、T恤、休閒服為主。

東大門：順遊景點

用餐選擇

正餐想吃一隻雞？豬骨湯？或是來份烤魚定食？東大門的各類「美食一條街」幫你解決吃飯困擾！

陳玉華奶奶一隻雞／
진옥화할매원조닭한마리

美味雞湯

🏠 鍾路區鍾路40路街18；종로구 종로40가길 18

陳玉華一隻雞店開業自1978年，雞湯是以老雞搭配中藥材熬煮而成，但食用的雞肉，同樣選擇出生僅35天的幼雞，吃起來肉嫩鮮美，燉煮到最後再加進手工麵條，是老饕級的吃法！

📍P.90A1 🚇1、4號線東大門站8、9號出口；1號線鍾路5街站5、6號出口徒步約5分 ☎02-2275-9666 🕐10:30~00:30

一隻雞（닭한마리）₩20,000 推薦菜

烤魚街

新鮮烤魚

一隻雞街的南側就是烤魚街，店家一早到市場購買新鮮漁產，先將魚灑上鹽醃入味，之後做初步煎烤去油，等到客人點餐後，再做進一步燒烤上色。在街邊就能看到現場燒烤肥美的青花魚、秋刀魚味道飄香四溢。

📍P.90B1 🚇1、4號線東大門站8、9號出口；1號線鍾路街站5、6號出口徒步約6分 🕐約7:00~21:00(各店不一)

烤魚定食 ₩6,000 推薦菜

豬骨湯街

辣豬骨湯

這裡的豬骨湯特選韓國當地豬隻，將豬肉和豬骨熬煮至少3小時而成，豬骨上附著鮮嫩豬肉，只是湯頭偏辣，不習慣的人不妨點豬肉湯飯或向店家要求減少辣量，否則可能得一直灌白開水。

📍P.90B1 🚇1、4號線東大門站6號出口徒步約2分

豬骨湯 ₩6,000 推薦菜

Do you Know

吃豬肉湯飯要加蝦醬

豬骨湯飯濃香辣口,另一道豬肉湯飯口味偏較清淡,注意只要是豬肉湯飯店家,幾乎都有提供蝦醬,這時先試試湯頭,太淡的話直接將蝦醬加進湯裡就對了。

韓國筷子扁扁的

在韓國使用的筷子和湯匙都有著扁平而細長的筷身,其設計有許多有趣的由來,其中有一說是因以前韓國

人習慣將飯菜放在托盤上端到房間或是客廳吃,為了減少碰撞聲音或是掉落而設計成扁平餐具;也有一說是扁平的筷子在夾小菜時更快速,或是更方便將泡菜切割分開。

廣藏市場吃吃喝喝

📍P.90A1　🚇1、4號線東大門站7號出口徒步約5分;1號線鍾路5街站7、8號出口徒步約2分　⊙鍾路區昌慶宮路88;종로구 창경궁로 88　📞02-2267-0291　🕐7:00~19:00　🚫週日

廣藏市場內販賣豬腳、豬血腸、生魚片等常見的韓國小吃,其中以綠豆磨碎後加入食材,煎成薄餅的傳統綠豆煎餅,和外型碩大圓滾的餃子,為市場內必嘗的招牌美食。

來到韓國必嘗的醬蟹!

除了小吃,還有蔬果、布料、寢具、韓服等,商場中央聚集了上百間攤販。

將綠豆磨碎後加入食材,煎成薄餅的傳統綠豆煎餅。

店家手工醃的各式泡菜試吃後再買也行。

有許多新娘會來這裡的韓服店做韓服、買嫁妝。

點好東西直接坐在店家板凳上等上菜!

東大門:用餐選擇

白天吃美食、晚上跑夜店，首爾最新的美食、咖啡館，走一趟弘大就能一網打盡！

造訪弘大理由

1 人氣學生街，掌握首爾最新美食趨勢

2 週末在文創市集挖掘好物

3 夜晚玩樂也超級豐富

弘大還有一大看點是「街頭表演」！有許多懷抱明星夢的年輕人會從弘大街頭表演開始累積人氣，各個實力堅強。

弘大

MAP P.98

弘大
홍대／Hongdae

「弘大」是指以藝術科系馳名的弘益大學，像是美術系、建築系、音樂系或者設計科系畢業的學生在韓國都享有極高的評價，因此學校周邊氣氛也隨著它的學風，處處洋溢著自由風氣。街頭林立的美術用品店和藝廊，襯托出不一樣的藝術氣息；到了晚上，「停車場街」沿途酒吧、夜店、居酒屋招牌一家家亮起，而成為學生與上班族最激愛的夜店街，每到火五(불금，指周五晚上)更是熱鬧喧囂High到深夜。

2號線【弘大入口站】8、9號出口
2、6號線【合井站】3號出口
6號線【上水站】1號出口

至少預留時間
弘大購物逛街：
3小時
新村與梨大順遊：
2小時

Do YOU KnoW

弘大是咖啡館的大本營

或許是因為弘大的學生、年輕人多，這裡不但集中特多的購物商店、餐廳，咖啡館的數量在全首爾也是排名數一數二，幾乎每走幾步就可以看到一家咖啡館，各樣具設計感的招牌或門面也成為街頭的風景之一。

弘大遊客服務中心

位於停車場街前段第一個遇到紅綠燈前的路口，可以拿到當地的區域地圖，且由於這地區經常有藝文、表演節目，以及Pub、舞廳等的活動訊息，遊客服務中心都能夠提供即時的諮詢。

與新村、梨大連著玩

弘大、新村、梨大基本上這三區算是同一條線上，通常會建議一起逛，加上其實走路都可以抵達，所以可以從弘大經新村至梨大一路玩過去，又或是從梨大經新村至弘大都可以，看住宿區在哪，一路玩回飯店是很不錯的方法。

在火五擠爆的弘大

每當週末弘大即是年輕人的聚集場所，尤其是週五、週六，夜店、酒吧、餐廳甚至路上擠得水洩不通，路邊也常常會有街頭藝人、舞團表演，是一個充滿藝術與音樂文化的地區。

有此一說～

韓國大學文化！每間學校都有「特製校服」！？

走在學區附近常可以看到一群人穿著同樣的衣服行動，可能是象徵合群、或是款式時尚，或對自己學校感到榮耀，韓國大學生蠻熱衷於在外穿著校服，一般T恤已不稀奇，像是棒球外套背後大大的印上校名，或是在手臂處貼上校徽等，甚至在冬季時還有特別訂製長版羽絨外套呢！

弘大街道充滿年輕人的活力與藝術氣息，週末的夜店街甚至得排隊，氣氛超級火熱！

充滿自由自在、青春無敵的弘大，街邊塗鴉藝術也十分盛行，處處都是拍照的最佳角落！

如想要嘗試各種異國料理別錯過延南洞，傍晚時分也可以看到許多年輕人在公園野餐、聊天。

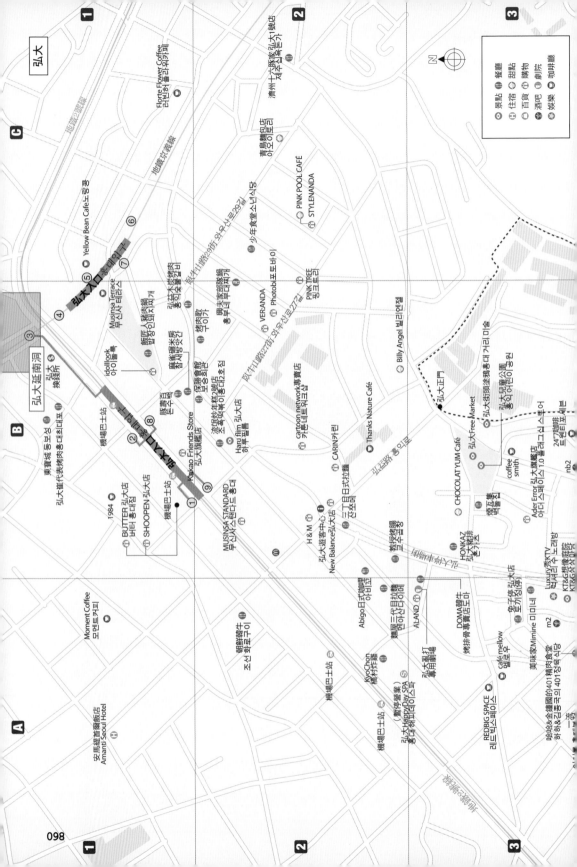

弘大

一番大

地鐵2號線

Florte Flower Coffee
러번허 플라워커피

濟州十六豚家弘大鎬店
제주 십육돈가 홍대점

青鳥麵包店
아오이토리

PINK POOL CAFÉ
STYLENANDA

Yellow Bean Cafe노랑콩

弘大入口
弘大 換錢所
홍대환전소

Musinsa Terrace
무신사 테라소

idollook아이돌룩

飯匠人豬肉館
밥장인돼지대창 구이 2개

弘益木炭烤肉
홍익숯불갈비

麻蒲雞米湯
참새방앗간

保勝會館
보승회관

濟州十六街29街 와우산로 29길

少年食堂소년식당

興家部隊鍋
홍익대부대찌개 2개

烤肉歌
우야이가

VERANDA

Photobi포토비이

PINK TREE
핑크트리

Billy Angel 빌리엔젤

弘大街頭塗鴉弘大 거리 미술

弘大正門

弘大綠色公園
홍익의 어린이 공원

弘大延南洞

東寶城 동보성

弘大淮代表烤肉弘大淮初코대표烤肉

橫場巴士站

Kakao Friends Store
弘大旗艦店
카카오프렌즈 홍대

1984

BUTTER 弘大店
버터 홍대점

SHOOPEN 弘大店

橫場巴士站

MUSINSA STANDARD
무신사 스탠다드 홍대
New Balance弘大店

豚壽百
돈수백

流浪少年糕店
홍대 네돈부심 홍대 초점

Haru film 弘大店
하루 필름

cartoon network專賣店
카툰 네트워크 專賣店

CARIN카린

H&M

三丁目日式拉麵
산쵸메

教授烤牛排
교수양

HONKAZ
혼가스

Thanks Nature Café

CHOCOLATYUM Café

Ader Error 弘大旗艦店
아더 스페이스 1.0 플래그십 스토어 이

CHOCOLATYUM弘大店

燒兩隻
불조집

24刀咖啡
트렌드 코페

coffee smith

nb2

Moment Coffee
모멘트 카피

安馬堤首爾飯店
Amanti Seoul Hotel

朝鮮韓牛
조선화로구이

KyoChon
橋村炸雞

橫場巴士站

弘大HappyDAY SPA
麥店 해피데이스파

弘大墨打
麥場用劇場

Abigo日式咖哩
아비고

麵屋三代目日式拉麵
맨아야 산다이메

ALAND

DOMA韓牛
烤排骨專賣店弘大店
도마

cafe mellow
멜로우

皇子燒 弘大店
황소 양(황소)

美味家Mimine 미미네

m2

붉은데일수KTV

KT&G想像庭院
弘大店
KT&G상상마당

REDBIG SPACE
레드빅스페이스

哈哈&金鍾國的401精肉食堂
하하&김종국 401정육식당

一番大 一番大

來到弘大要從哪裡開始逛？衣服、雜貨、鞋子，首爾年輕人最喜歡的好物都在這裡！

 **MAP P.98 B2~B3 弘大停車場街**

如何前往

2號線弘大入口站9號出口徒步約5分

　　弘大地區知名的「停車場街」，兩旁個性商店與餐廳、酒吧林立，中間卻畫有整齊停車格，所以有此暱稱。街邊店家各具特色，價格又頗符合學生的消費標準，成為弘大一帶最熱鬧的區域。

 MAP P.98 B1 SHOOPEN 弘大店

如何前往

2號線弘大入口站1號出口搭乘手扶梯即達

info

📍麻浦區楊花路153；마포구 양화로 153 📞02-338-5751 🕐10:30~22:00 💰鞋子和包包約₩10,000~30,000

　　SHOOPEN是韓國時尚休閒品牌MIXXO和SPAO聯手打造的鞋包品牌，主打時尚、新潮、平價，因此價格幾乎都落在₩10,000~30,000之間，平價兼具潮流一推出就大受好評！

將火熱氣氛推到最高點！

火五一到更

週末的停車場街總是滿滿的人潮。

MAP P.98 B1 BUTTER 弘大店
버터 홍대점

如何前往

2號線弘大入口站1號出口搭乘手扶梯即達

info

📍麻浦區楊花路153 B2F；마포구 양화로 153 B2F 📞02-338-5742 🕐11:00~23:00 💰文具類₩900起 🌐buttershop.co.kr

　　位在弘大CGV電影百貨公司地下2樓的「BUTTER弘大店」，平價商品又具設計感成為買物首選。除了弘大店，在永登浦站的時代廣場，以及誠信女大站皆有分店。

最適合當伴手禮的可愛小物。

店面販售超過千種商品，生活雜貨、個人用品應有盡有。

MAP 見右圖 **京義線林道**
경의선숲길

如何前往

5、6號線或京義線孔德站1號出口徒步約5分；2號線弘大入口站3號出口即達

　　總長約6300公尺的林道內，其中一段在弘大3號出口附近，而對機場快線其中一站的地鐵6號線孔德站與大興站、京義線西江大站之間的林道，在4月可是浪漫的櫻花隧道。

經過整修後，搖身一變成為熱門林蔭公園。廢棄的京義線鐵路在

 MAP 見右圖 **延南洞東鎮市場**
동진시장

如何前往

2號線弘大入口站3、4號出口徒步約10分 ⬆ 麻浦區成美山路198；마포구 성미산로 198 ☎02-325-9559 ⏰週五15:00~20:00，週六、日13:30~19:30

　　東鎮市場曾作為擺放貨物、雜物的倉庫，現在改造成給年輕創作者發揮創意的空間。有別於弘大商圈的商業化，在東鎮市集可以找到更平價、精緻、獨創的物品。

弘大延南洞

京義線林道경의선숲길
Dingu Cake House
be new 手工肥皂
[住]延南場연남장、Ordinary Pit 오디너리핏
地鐵京義線
松潭泥鰍湯 송담추어탕
洪班長 홍반장
崔老闆家的雞 최사장네닭
DEWEET 듀윗
麻花卷專賣店 꽈페 연남본점
延南洞東鎮市場 동진시장
NAVAN 나반
善良皮鞋延南 착한구두 서울 연남점
Chan Bear Station Chani Bear 차니 베어스테이션
畫家大叔 화가삼춘
黑白寫場 흑백 셀프 사진관
ORBIT
東橋洞散步步道 동교동 산책길
photomatic 弘大店 포토매틱 홍대점
延南洞玫瑰牆 연남동 장미벽
3 弘大入口 홍대입구역

⊙ 景點
⊙ 甜點
⬥ 餐廳
☕ 咖啡廳
🛍 購物

 MAP P.98 B1 **Kakao Friends Store弘大旗艦店**

如何前往

2號線弘大入口站9號出口徒步2分

info

⬆麻浦區楊花路162；마포구 양화로 162 ☎02-6010-0104 ⏰10:30~22:00 🌐www.kakaofriends.com

　　弘大店由1、2樓賣場和3樓咖啡店組成，內部裝潢與擺設多了家居氛圍，2樓佔滿一整面牆的旅行系列商品最引人注目，家用品、文具、服飾等都讓人想一次帶回家！

要去夜店？還是去KTV？通通看這裡！

🚇2號線弘大入口站9號出口徒步約5分至弘大正門附近

❗1.夜店需滿18歲以上，攜帶護照入場。2.穿著輕便服裝即可入場，勿穿拖鞋。

弘大是首爾夜生活的中心，附近的夜店少說也有數十家，不想唱歌的也可以去KTV高歌一曲。需注意弘大的人潮多且雜建議攜伴參加，並小心自身安全。

nb2

🕐22:00~6:30(假日至7:30) 💰週日~四₩10,000、週五~六₩15,000(含一杯飲料)

nb2是由知名經紀公司YG Entertainment所開，是弘大最知名的夜店。

m2

🕐週二~三21:30~6:00、週四~日21:30~7:00、週五~六21:30~9:00

💰週二~四、日₩10,000、週五~六₩20,000(含一杯飲料)

m2音樂以House為主，並時常邀請海外一流的DJ來表演。

Luxury秀KTV

🕐24小時

以豪華、設備新穎著稱的KTV，在首爾相當知名。

👁 弘大兒童公園
MAP P.98 B3
홍익 어린이공원

如何前往

2號線弘大入口站9號出口徒步約8分

info

🏠麻浦區臥牛山路21街19-3；마포구 와우산로21길 19-3 🕐自由市集：3~11月週六13:00~18:00

弘益大學正門口對面的弘大兒童公園，平時也常能看到年輕人們彈著吉他在此表演，而一到週六午後，這裡又變身為洋溢藝術氣息的「自由市集」。

市集裡有許多俱個性且精緻的小物，值得一逛。

玻璃帷幕上以清水模作出蝴蝶翅膀紋路般的效果。

🎁 KT&G想像庭院
MAP P.98 A3
KT&G상상마당

如何前往

2號線弘大入口站9號出口徒步約10分

info

🏠麻浦區和諧廣場路65；마포구 어울마당로65 📞02-330-6221 🕐10:00~23:00(各樓層不一) 🚫每月第1個週一 🌐www.sangsangmadang.com

內部各層展出繪畫、裝置藝術、現代設計、電影、影像等各種分野的創意作品，還有播放新銳導演電影作品的小型電影院及音樂咖啡館。

弘大咖啡清單

在弘大總能看到最新潮流走向，咖啡館也不例外，各式風格百花盛開，想要工業風或是古典優雅都有，最紅的人氣打卡咖啡館就在這裡。

咖啡 ₩3,500
推薦菜

café mellow/멜로우
居家療癒

🏠 麻浦區小橋路30-11；마포구 잔다리로 30-11

店內供應各式甜品、咖啡、飲料等，其中以巧克力噴泉為女孩們的最愛，除了一人份量外，還有提供Buffet式無限供應棉花糖、香蕉、冰淇淋，以及草莓、櫻桃等季節水果。

📍P.98A3 🚇2號線弘大入口站9號出口徒步約10分
🕐12:00~22:00

Humming Bella/허밍벨라
蛋糕

蛋糕 ₩5,000~7,000
推薦菜

🏠 麻浦區獨幕路7街57；서울 마포구 독막로7길 57

位在想像庭院附近的巷弄內的「Humming Bella」，是結合烘焙麵包、蛋糕以及咖啡的餐廳。其為兩樓建築，位在1樓的是粉色基調的麵包店，沿著一旁的階梯向上即可看到2樓的戶外用餐區，以及咖啡廳，室內又可分為1樓烘焙廚房、櫃台，以及小區塊的用餐區，3樓有更多用餐區域。咖啡廳內也有提供麵包類餐點、

Dinga Cake House/딩가케이크
手繪切片蛋糕

🏠 首爾市麻浦區東橋路29街68；서울 마포구 동교로29길 68

📍P.100 🚇2號線弘大站3號出口徒步約10分 📞無 ▶

11:30~22:00

弘大附近的延南洞「Dinga Cake House」主打可愛鄉村風，奶油色調的獨棟咖啡廳相當具有質感，兩層樓的空間雖有一致的風格，但也巧妙利用家具與擺飾如等等增添不同的風情。除了美式鄉村風裝潢，更吸引人的是可愛風的蛋糕，顏色鮮豔的手繪切片蛋糕不僅是美觀，不過度甜膩的口味也是令人驚豔。

SNAP
手繪切片蛋糕 ₩8,500起
推薦菜

咖啡、茶類、果汁等飲料。這裡也曾作為韓劇《奶酪陷阱》以及《Kill Me Heal Me》等拍攝地。

📍P.103A1 🚇2、6號線合井站3號出口徒步約8分；6號線上水站1號出口徒步約8分 📞02-324-7050 🕐週日~四11:00~24:00、週五~六11:00~1:00

LE PETIT FOUR
繽紛蛋糕

🏠 麻浦區臥牛山路62；마포구 와우산로 62

咖啡店裝潢華麗，充滿歐洲中古世紀風格。瑞士捲、千層派和各式蛋糕都讓人目不暇給，很適合搭配茶或咖啡享用。

📍P.103B1 🚇6號線上水站2號出口徒步5分 ☎02-322-2669 🕐11:30~24:00

蛋糕
₩10,000起
推薦菜

伯爵瑞士捲
₩6,400
推薦菜

Silhouette Coffee/실루엣커피
蛋糕

🏠 麻浦區獨幕路8街33-5 1F；서울 마포구 독막로 8길 33-5 1층

「Silhouette Coffee」外牆是純白色的ins風格，門旁的紫丁香大樹則是著名拍照專區，每到五月盛開的季節總是能吸引到大量的人潮，韓國網友一致推薦上午十一點到下午兩點是來到咖啡拍下美照最好的時段，除了美景，店中的義式濃縮咖啡加上檸檬片也十分受到歡迎。

📍P.103A1 🚇6號線上水站4號出口徒步約15分 ☎02-6449-6049 🕐11:00~23:00

合井・上水

地鐵2號線

401 Restaurant 401 레스토랑
流氓炒年糕 조폭떡볶이
布拉格城堡Castle Praha
Humming Bella 허밍벨라
BBQ炸雞
Chir Chir炸雞 치르치르
奉久啤酒屋봉구비어
object 弘大店 오브젝트 홍대점
Outdark Chicken House 아웃닭
Travel Café Chalet 트래블리 카페 샬레트
aA咖啡館兼設計博物館 Café aA & The Design Muséum
豬腳中心 족발중심
LE PETIT FOUR
好吃京都 맛있는 교토
普契尼的夢中小花園 푸치니가 꿈꾸는 작은 정원
colline콜린
真的很會做炸豬排店 돈까스 참 잘하는 집
zera's café
鯨魚商店 고래상점
兒媳婦米粒花湯飯 며느리밥풀꽃
Utsav印度咖啡 웃사브
OnDol 온돌
stance café
SPACCA NAPOLI 스파카 나폴리
南山湯飯 남산찌개
Himeshiya 히메시야
九孔炭烤腸 구공탄곱창
小泉餐館 중월셈
Little PAPA Pho 越南米線 리틀파파
合井豬肉泡菜鍋 합정생고기김치찌개
Kyo BAKERY
上水 상수
Pakumon 日式咖哩專門店 파쿠모리
地鐵6號線
往silhouette coffee
弘益大學 홍익대학교
臥牛兒童公園
弘大彩繪階梯

用餐選擇

來弘大就是要吃最新、最平價的美食店，正餐就在這裡解決吧！

**烤牛腸
(소곱창구이)
₩17,000**
推薦菜

教授烤腸/교수곱창
平價烤腸

麻浦區弘益路3街20；마포구 홍익로3길 20

位於停車場街內側美食街的烤腸店，是弘大學生們非常喜歡的店家，不僅價格平實，烤腸的滋味也不落人後，幾乎是續攤必來的店家。

📍P.98B2　🚇2號線弘大入口站9號出口徒步15分

📞02-335-1173　🕐11:00~07:00

保勝會館/보승회관
好吃湯飯

麻浦區和諧廣場路131；마포구 어울마당로 131

保勝會館店內招牌就是血腸湯飯和豬肉湯飯，提供從不辣、小辣、到大辣的選擇，兩人以上的話可點血腸豬肉定食，包含兩碗湯飯和一大盤白煮肉，享受到不同的口感。

📍P.98B2　🚇2號線弘大入口站9號出口徒步5分

📞02-322-8111

🕐11:00~22:00

**湯飯
₩9,000起**
推薦菜

洪班長/홍반장
馬鈴薯湯

麻浦區東橋路213；마포구 동교로 213

洪班長因24小時的營業時間與美味料理受到歡迎，來此可以點份馬鈴薯湯有滿滿的泡菜、馬鈴薯和超大的排骨，適合2~3人分享。

📍P.100延南洞　🚇2號線弘大入口站3號出口徒步約5分

📞02-304-6463　🕐24小時

**小份馬鈴
薯湯(감자탕(소))
₩28,000**
推薦菜

**鍋物定食
₩9,000**
推薦菜

南山湯飯/남산찌개
韓國家常菜

麻浦區獨幕路3街8；마포구 독막로3길 8

南山湯飯主要供應一人式定食，像是泡菜鍋、豆腐鍋、部隊鍋都有，附餐有4~5樣的小菜、拌飯或包飯用的大醬及海苔，這裡的小菜是可以續加的。

📍P.103A1　🚇2、6號線合井站5、6號出口徒步約5分；6號線上水站1號出口徒步約10分　📞02-338-3777

🕐11:00~21:00

OnDol / 온돌

濃郁大醬湯

 麻浦區楊花路6街65；마포구 양화로6길 65

店內提供牛肉大醬湯定食和烤牛肉片定食，其中牛肉大醬湯定食可以點一人份享用，烤牛肉片定食則需要兩人以上，肉質鮮嫩；喜歡大醬湯的人千萬別錯過！

P.103A1　2、6號線合井站5號出口、6號線上水站2號出口徒步5分　02-322-8712

11:30～23:00

牛小排+帶骨排骨+梅花牛 ₩7,500
推薦菜

鍋物定食 ₩7,500
推薦菜

DOMA 韓牛烤排骨專賣店 / 도마

平價韓牛

麻浦區楊花路16街33；마포구 양화로16길 33

P.98A3　2號線弘大入口站9號出口徒步約10分

02-3143-0365　11:30～4:00(休息時間15:00～17:00)

算是稍微平價的DOMA韓牛烤排骨店，店內提供的韓牛部位不多，有牛小排、帶骨排骨、去骨排骨，建議點組合餐可以吃到較多種類。

逛逛在地市場 —— 望遠市場

6號線望遠站2號出口徒步約5分　麻浦區望遠洞411；마포구 망원동 411　02-335-3591　10:00～21:00

望遠市場是當地民眾買菜和覓食的小市場，市場裡小有名氣的有炸雞店如QS炸雞，還有尾端的可樂餅店，其他還有如生鮮店、醃小菜店和幾家便宜超市等，可謂五臟俱全。

各種口味的可樂餅只要₩700，可以買來解饞。

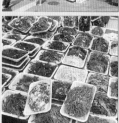

人氣高的QS炸雞，有醬料、起司芥末及水果等口味。

串·聯·行·程 新村·梨大

自延世大學延伸的新村,在延世路和名物街林立新潮店家,服飾配件和百貨也交錯其間;梨花女子大學是韓國著名的女子學校,逛逛周邊街道的服飾店、彩妝店就能知道時下女孩的最新流行。

◎弘大入口站3號出口出站後沿著大馬路徒步約15分可抵新村站。
◎搭乘2號線到新村站從1~4號出口下車即達鬧區;梨大站從2、3號出口出站直行約10分可達梨花女子大學

暱稱為「紅色水管」的街頭裝置藝術品,是約定見面的最佳地標!

延世路的巷弄內都是好吃又便宜的餐廳,是學生最喜歡聚餐的地點。

位在十字路口的雪冰,品嚐美味冰品之餘還是觀賞城景的好角落。

現代百貨 新村店
현대백화점 신촌점

info
西大門區新村路83;서대문구 신촌로83 02-3145-2233 10:30~20:00 www.ehyundai.com

　　現代百貨新村店位在延大、梨大、弘大和西江大學等學校附近,因此商場內的品牌走的是年輕時尚路線,檔次比起其他購物商場要再高一級,卻又不失年輕流行的色彩。

U-PLEX新村店
U-PLEX신촌점

info
西大門區新村路83;신촌로 83 02-3145-2233 10:30~22:00 www.ehyundai.com

　　U-PLEX新村店和現代百貨是姐妹店,B2樓現代百貨地下街有通道相連,主打戶外和休閒運動服,更適合學生和青少年。

有此一說～

在韓國只要出身名校就不用擔心工作？

位於新村的延世大學是韓國三大名校之一，韓國簡稱「SKY」中的Y，S是首爾大學，K是高麗大學。韓國人很看重背景，有傳言只要是SKY出身的話，不用擔心找不到工作，在面試時候，面試官也會優先選擇同樣學校出身的學弟妹。

順路去這裡：梨花女子大學

梨花女子大學是韓國著名的女子學校，成立於1886年，「梨花」是明成皇后所賜，意謂「成為優秀人才」。校園內優美的歐式建築古典又高雅，成為人氣拍照景點。

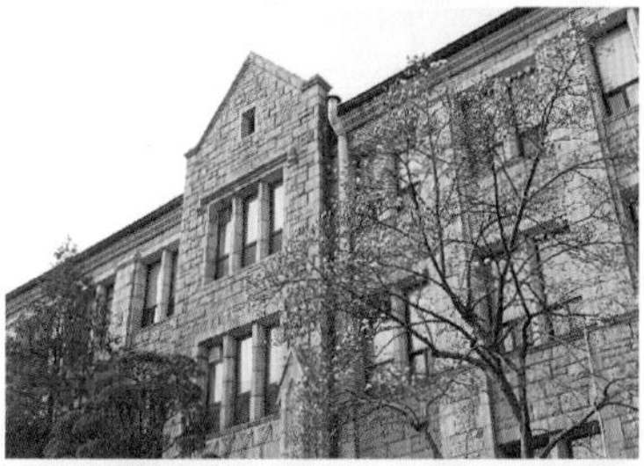

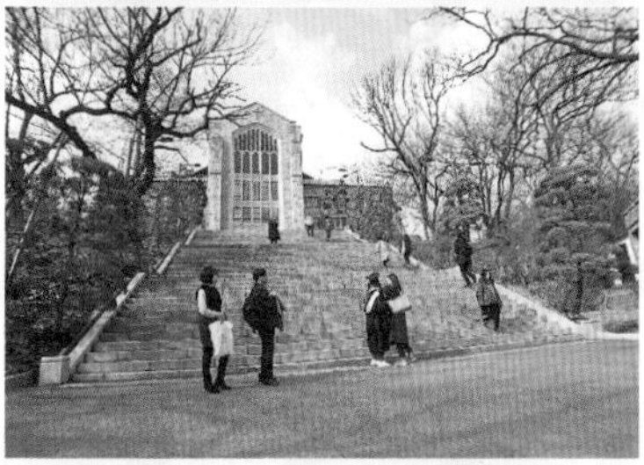

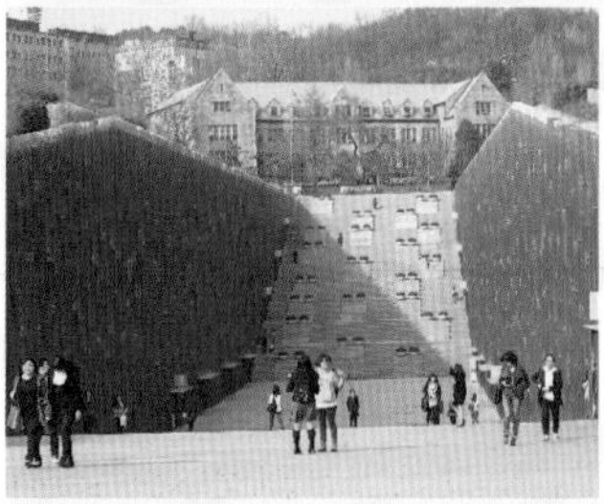

階梯式的長廊是梨大著名美景之一。

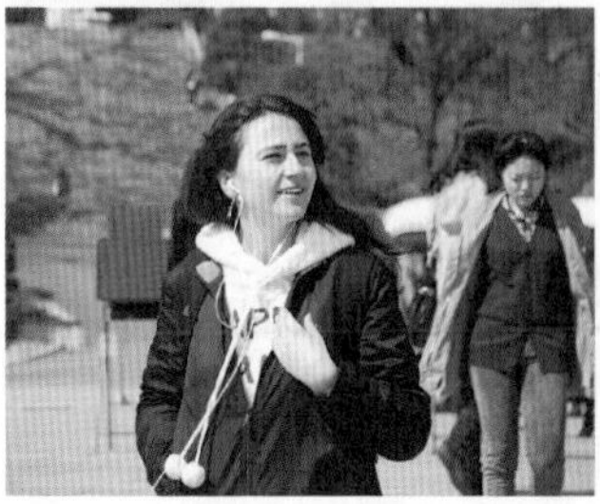

知名的梨花大學也是氣質美女搖籃。

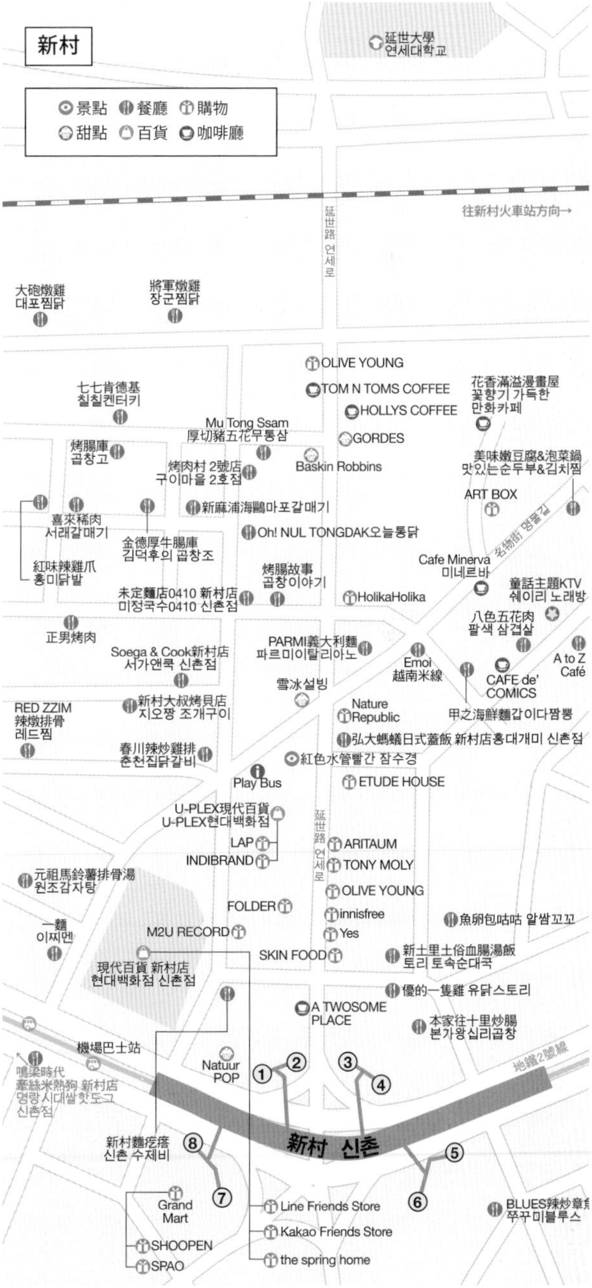
新村
景點 餐廳 購物
甜點 百貨 咖啡廳
延世大學
연세대학교
往新村火車站方向→
延世路 연세로
大砲燉雞
대포찜닭
將軍燉雞
장군찜닭
OLIVE YOUNG
TOM N TOMS COFFEE
HOLLYS COFFEE
花香滿溢漫畫屋
꽃향기 가득한 만화카페
七七肯德基
칠칠켄터키
Mu Tong Ssam
厚切豬五花무통삼
GORDES
烤腸庫
곱창고
烤肉村 2號店
구이마을 2호점
Baskin Robbins
美味嫩豆腐&泡菜鍋
맛있는순두부&김치찜
ART BOX
新麻浦海鷗마포갈매기
喜來稀肉
서래갈매기
金德厚牛腸庫
김덕후의 곱창조
Oh! NUL TONGDAK오늘통닭
名物街 명물길
紅味辣雞爪
홍미닭발
烤腸故事
곱창이야기
Cafe Minerva
미네르바
童話主題KTV
쉐이리 노래방
未定麵店0410 新村店
미정국수0410 신촌점
HolikaHolika
八色五花肉
팔색 삼겹살
正男烤肉
Soega & Cook新村店
서가앤쿡 신촌점
PARMI義大利麵
파르미이탈리아노
Emoi
越南米線
A to Z Café
CAFE de' COMICS
雪冰설빙
RED ZZIM
辣燉排骨
레드찜
新村大叔烤貝店
지오짱 조개구이
Nature Republic
甲之海鮮麵갑이다짬뽕
弘大螞蟻日式蓋飯 新村店홍대개미 신촌점
春川辣炒雞排
춘천집닭갈비
紅色水管빨간 잠수경
Play Bus
ETUDE HOUSE
U-PLEX現代百貨
U-PLEX현대백화점
LAP
INDIBRAND
ARITAUM
TONY MOLY
元祖馬鈴薯排骨湯
원조감자탕
OLIVE YOUNG
FOLDER
innisfree
魚卵包咕咕 알쌈꼬꼬
一麵
이찌멘
M2U RECORD
Yes
SKIN FOOD
新土里土俗血腸湯飯
토리 토속순대국
現代百貨 新村店
현대백화점 신촌점
優的一隻雞 유닭스토리
A TWOSOME PLACE
本家往十里炒腸
본가왕십리곱창
機場巴士站
地鐵2號線
鳴梁時代
牽絲米熱狗 新村店
명랑시대쌀핫도그 신촌점
Natuur POP
新村 신촌
新村麵疙瘩
신촌 수제비
Grand Mart
Line Friends Store
Kakao Friends Store
BLUES辣炒章魚
쭈꾸미블루스
SHOOPEN
SPAO
the spring home

因美軍基地而發展起來的區域，無論居民、商品、餐飲都充滿各色異國風采

街道上來自世界不同角落的舶來品、精品服飾店、異國美食餐廳，讓整個區域充滿了豐富的異國色彩。

梨泰院

造訪梨泰院理由

1 首爾最道地的**異國料理餐廳攏抵架**

2 進駐眾多獨特時尚品味店家

3 隱密又具個性的咖啡館

6號線【梨泰院站】2號出口
6號線【綠莎坪站】3號出口
6號線【漢江鎮站】3號出口

至少預留時間
梨泰院逛逛：
2小時
找間咖啡廳休息：
1~1.5小時

MAP
P.110

梨泰院
이태원／ITAEWON

梨泰院過去因美軍基地而發展起來，現在成了外國居民的聚集地，而多國色彩正是梨泰院的特色，街道上的舶來品、精品服飾店，或是異國美食餐廳，都讓人可以體驗不同的首爾風情。位在綠莎坪站的經理團路，是韓國人品嚐異國美食的首選，巷弄內有很多隱密美食餐廳，沿著山坡興建的住宅中也藏著許多特色咖啡館及餐廳，居高臨下的位置可以看到廣闊的景色，夜色低垂時的閃閃燈光更是點綴成最浪漫的城市風景。

有此一說～

梨泰院的名字與戰爭有關？

梨泰院的名字由來有兩種說法，一個是朝鮮孝宗時代此地種很多梨樹而得到這個名字；另有一個說法則是朝鮮戰爭時，此地為日軍駐紮地，日本軍人與當地人生下混血兒，而被稱為「異胎院」、「孕胎院」，後來因為稱呼不雅而改為梨泰院。

道地異國料理

喜歡異國料理的人千萬別錯過梨泰院！因為這裡外國人居多，異色餐廳特別多及道地，有許多店家老闆甚至就是道道地地的外國人，也有許多知名的外國品牌到此開店，例如股神巴菲特最愛的冰淇淋品牌DQ也在此有分店。

從綠沙坪站的經理團路開始

地鐵綠沙坪站開始經由2號出口出站，可以到達梨泰院的經理團路與解放村，附近有許多非常美麗漂亮、氣氛絕佳的咖啡廳或是韓國藝人開設的餐廳。

梨泰院的酒吧都有其特殊的氣氛，就算只是坐在店裡也會因為它的獨特之美而陶醉。

梨泰院是漢江以北最著名的豪宅區，許多財閥都居住在此，例如三星集團會長李健熙。

曾是美軍基地而發展起來，現在則成了外國居民的聚集地，可說是首爾裡的小小地球村。

找間酒吧小酌

晚上可以到附近的夜店或是酒吧小酌，這裡的酒吧都很有特色且裝潢講究，與弘大商圈是截然不同的氣氛，客群也以歐美人士及韓國上班族為主，氛圍較成熟且有質感，相對消費也會偏高。

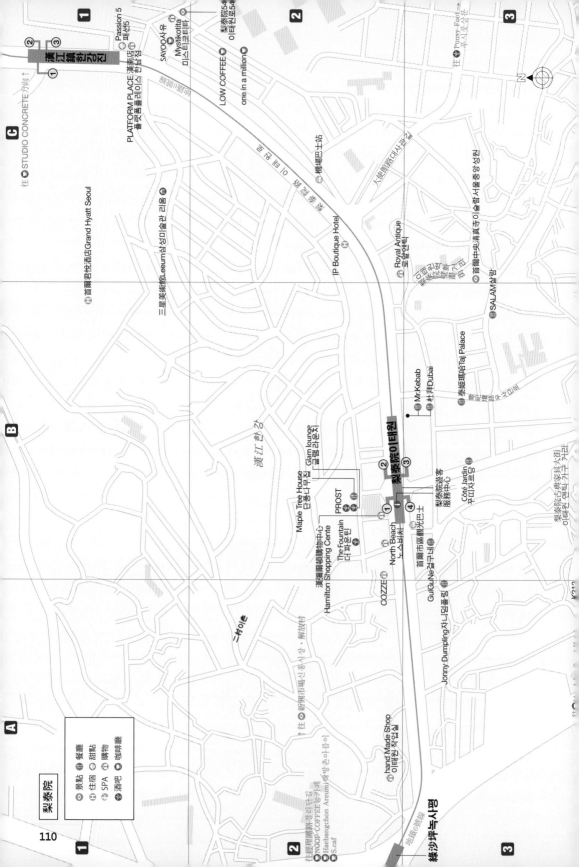

梨泰院

圖例
- ⊙ 景點
- ⊖ 住宿
- ⊗ SPA
- ⊙ 酒吧
- ⊕ 餐廳
- ⊖ 甜點
- ⊕ 購物
- ⊜ 咖啡廳

往檳理鐵梨泰院站 이태원역
- ◎ NGOP-COFFEE 응아귀피
- ◎ Haebangchon Areum 해방촌 아름이름
- ◎ S.caf

漢江鎮한강진

- ② Passion 5 패션5
- ① SAYOO사유
- ② Mystikotta 미스티코타

STUDIO CONCRETE方向↑
往 ⊙ STUDIO CONCRETE方向↑

PLATFORM PLACE漢南店
플랫폼플레이스 한남점

⊙ LOW COFFEE
⊙ one in a million

⊕ 首爾君悅酒店Grand Hyatt Seoul

三星美術館Leeum삼성미술관 리움 ⊙

機場巴士站
機場巴士站

IP Boutique Hotel

⊙ Royal Antique 로열앤틱

漢南洞路다니다길
太廟路다니다길

⊙ 漢南洞市場
한남동
벼룩시장

⊙ 首爾中央清真寺이슬람서울중앙성원

⊗ SALAM 살람

梨泰院이태원

泰姬瑪哈Taj Palace
泰姬瑪哈Taj Palace

⊕ 村屋Dubai
⊕ Mr.Kebab

漢江 한강

Maple Tree House
단풍나무집 ⊕

Glam lounge
글램라운지 ⊙

PROST ⊕⊕

梨泰院이태원
② ③
① ④

梨泰院市區遊客
服務中心

Côté Jardin
쁘띠자르댕 ⊖

漢彌爾頓購物中心
Hamilton Shopping Cente

The Fountain
더파운틴 ⊕

North Beach
노스비치 ⊕

COZZE ⊕

⊕ 首爾市區觀光巴士

梨泰院古董家具大街
이태원 앤틱 가구 거리

⊕ GuiGuNe궐궐님

Jonny Dumpling자니덤플링 ⊕

二村이촌

往 新陳市場신앙시장・解放村
往 新陳市場신앙시장・解放村

⊙ hand Made Shop
이태원 직업실

地下鐵6號線

綠沙坪녹사평

110

必逛景點

充滿異國風情的梨泰院是首爾外國人人口密度最高的區域，這裡匯聚著多樣魅力

經理團路
MAP P.110 A2
경리단길

如何前往

6號線綠莎坪站2號出口徒步約5分

info

◎龍山區松葉路；용산구 회나무로

一提到異國美食，梨泰院的經理團路是韓國人絕對會提出的首選。在經理團路聚集各式異國料理，像是西方的美式Pizza漢堡、道地的墨西哥餐點、高檔的義式餐廳、東方的日式食堂、泰國的酸辣口味皆有。

梨泰院54街
MAP P.110 B3
이태원로54길

如何前往

6號線漢江鎮站3號出口徒步約5分

info

◎龍山區梨泰院路54街；서울 용산구 이태원로54길

來到梨泰院如果不想走標準觀光客行程，可以搭到只有一站距離遠的漢江鎮站，到韓國年輕人潮流聖地之一的漢南洞走走。位在漢南洞的梨泰院54街，約300公尺長，集聚許多特色建築，因為梨泰院54街附近上坡路居多，記得出門前要換上一雙好走的鞋才不會壞了興致！

梨泰院54街處處是美麗風景，逛街、拍拍照都是享受。

梨泰院古典家具大街
MAP P.110 B3
이태원 앤틱 가구 거리

如何前往

6號線梨泰院站3、4號出口徒步約6分

info

◐約10:30~21:30(各店不一)

從地鐵出站繼續向南走、然後向西轉的下坡路沿途，可以看到一間間的骨董家具店，因為從20世紀的60年代左右開始，駐韓的美軍們回國前紛紛把家具變賣，這條街便成了歐美風格的古典家具的集散地。

這裡買得到許多具歐美風格的家具和生活用品。

室內的簡單擺設與光線設計也是看點之一。

PLATFORM PLACE 漢南店
MAP P.110 C1
플랫폼플레이스 한남점

如何前往

6號線漢江鎮站3號出口徒步約3分

info

◎龍山區梨泰院路268；용산구 이태원로 268 ☎02-797-4628 ◐11:00~21:30 ⑤商品₩5,000起 ⊕www.platform.co.kr

PLATFORM PLACE品牌開發於2009年，其概念精神為帶給顧客最嚴選的商品，店內以販售生活雜貨為主，並集結國內外超過60個品牌。

店內商品都是從外國引進的質感選物。

梨泰院：：必逛景點

111

用餐選擇

梨泰院的餐廳清單，想要踩點風格咖啡館，或是當地人氣的排隊店家通通都有！

梨泰院：用餐選擇

五花肉220g ₩14,000 推薦菜

GulGuNe/걸구네

五花肉

🏠 龍山區梨泰院路26街6；서울 용산구 이태원로26길 6

這家烤肉店位於梨泰院鬧區對面巷弄中，這一帶較多特色美食餐廳，GulGuNe供應烤腸和烤肉，烤肉分為排骨和五花肉，將烤肉串端過來讓我們拍完照後，平放上烤盤開始燒烤，烤的差不多後剪小塊就可以吃囉，視覺上相當華麗且具有衝擊力，肉質美味有嚼勁。 建議加點烤腸，烤腸Q彈的口感讓人一口接一口。

📍P.110A2 🚇6號線梨泰院站4號出口徒步2分 ☎02-795-3992 🕐15:30~1:00，週五六~2:00，週日~24:00

蛋糕及咖啡 ₩5,000起 推薦菜

one in a million

粉色咖啡館

🏠 龍山區梨泰院路54街31；용산구 이태원로54길 31

少女最愛的粉紅色咖啡店one in a million，入口處整片粉紅色的LOGO牆是人氣打卡景點！內部裝潢是工業風搭配花草具有衝突美感。

📍P.110C2 🚇6號線漢江鎮站3號出口徒步約5分 ☎02-794-2414 🕐11:00~23:00

Passion 5/패션5

華麗水果塔

🏠 龍山區梨泰院路272；용산구 이태원로 272

位在SPC大樓裡的「Passion 5」，販售新鮮水果塔類、泡芙、佛卡夏、布丁、手工餅乾、歐式麵包、精緻手工蛋糕等超過300種不同的烘焙甜點類。

📍P.110C1 🚇6號線漢江鎮站3號出口徒步約3分 ☎02-2071-9505 🕐7:30~22:00

水果塔 ₩6,800 推薦菜

STUDIO CONCRETE

明星開店

🏠 龍山區漢南大路162；용산구 한남대로 162

由韓國演員劉亞仁開設的藝術咖啡館，外觀是紅磚造的民宅，入內後是截然不同的藝術氛圍，這裡不定期舉辦各類展覽，比起咖啡廳這裡更像藝廊，是年輕人喜歡來訪的隱密咖啡廳。

📍P.110C1 🚇6號線漢江鎮站2號出口徒步5分 ☎070-4034-5371 🕐11:00~20:00 🈺週一

美式咖啡 ₩5,000 推薦菜

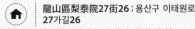

PROST
英倫酒吧

🏠 龍山區梨泰院27街26；용산구 이태원로 27가길26

外觀是紅磚樓、拱型窗框、古典主義的建築，2、3樓是同集團的俱樂部與Lounge Bar，1樓是英式酒吧PROST，店中央旗艦型的吧檯十分氣派，後方則是戶外露天席次。

📍P.110B2 🚇6號線梨泰院站3號出口徒步約3分 ☎02-796-6854 🕐週一～二17:00～3:30，週三～四17:00～4:30，週五～六17:00～5:30，週日15:00～4:00

Prost Burger ₩14,000
推薦菜

The Fountain/더 파운틴
調酒

調酒 依店內價格
推薦菜

🏠 龍山區梨泰院路23街16-5；서울 용산구 이태원로 23길 16-5

週末來到「The Fountain(더파운틴)」的話，總是可以看到排隊的人潮，進入酒吧前會經過精心裝飾過的花廊，酒吧裏頭也是別有洞天，挑高的空間中掛著大型LED螢幕，兩旁的階梯可以進到二樓的空間，店內的裝潢會不定時的更換，每隔一段時間都有不同的新鮮感受。週末時一樓的空間會變成夜店風格的空間，是男女搭訕的天堂。

📍P.110B2 🚇6號線梨泰院站1號出口徒步約5分 ☎0507-1415-8813 🕐18:00～3:00，週五、六～5:30

Côté Jardin/꾸띠자르당
義大利麵

義大利麵 ₩19,000起
推薦菜

🏠 龍山區普光路120；서울 용산구 보광로 120

「꾸띠자르당」的法語「Côté Jardin」是指花園旁。一踏入餐廳就是一個露天小庭院，正中間還有一個小水池，座位多是籐製的桌椅營造出法式休閒的風格，建築牆上蔓延著綠色植物，有著懷舊浪漫氣氛，如此特殊的設計也讓此餐廳成為熱門約會地點。除了可口的法餐，這邊的紅酒與軟性飲料也十分受到歡迎，可以依照自己的喜好點餐。想避開人潮可以選在用餐時間前後一小時來訪餐廳。

📍P.110B3 🚇6號線梨泰院站3號出口徒步約3分 ☎010-5771-5072 🕐11:00～1:00，週五、六～3:00(休息時間16:00～17:00)

Jonny Dumpling/쟈니덤플링
中華餃子

鍋貼 (군만두)10個 ₩11,000
推薦菜

🏠 龍山區普光路59街33；용산구 보광로59길33

Jonny Dumpling是梨泰院最受歡迎的中華餃子專賣店，店內只販售手工製作餃子，有蝦仁水餃、鍋貼、淡菜餛飩、雞蛋韭菜水餃/鍋貼及麻婆豆腐飯，價格皆₩8,000。

📍P.110A3 🚇6號線梨泰院站4號出口徒步約3分 ☎02-790-8839 🕐11:30～21:50

串·聯·行·程 龍山

龍山車站周邊以電子科技商場聞名，如同台北的光華商場，是購買相機、電腦等3C產品的大本營，周邊還可以造訪國立中央博物館或龍山家族公園。

◎從梨泰院站搭往三角地站下車，換乘往新龍山站列車。
◎分有龍山站(1號線及京義中央線、KTX)和新龍山站(4號線)，兩站徒步可達。
◎龍山站1、2號出口是百貨區，新龍山站5號出口可抵宣仁商場。

龍山站是火車、地鐵站的交會處，也是高速鐵路(KTX)湖南線的起終點。

位在龍山站旁的I Park百貨公司，有購物商場、美食街及兒童娛樂中心

國立中央博物館注重各項珍貴遺物的蒐集與保存，館藏達22萬件。

emart

info

📍龍山區漢江大路23街55；용산구 한강대로23길55　☎02-2012-1234　🕐10:00~24:00　🌐www.emart.com

　I Park Mall和龍山站的地下樓層是emart的天下。emart是全韓國頗具規模的平價大賣場，商品包括服裝、食物、文具、玩具、家用品等，品項齊全。

emart也是一處可購買伴手禮的當地超市。

宣仁商場
선인상가

info

📍龍山區新倉路181；새창로 181　☎02-718-7113　🕐10:00~20:00　🌐每月第1、3個週一

　宣仁商場並不在龍山站附近，必須穿越車站東邊火車行駛下方的地下道，來到後火車站；商場分3層樓，3C周邊商品應有盡有，被譽為電腦專門商場。

公園有草坪、水
生植物池、國際
名家的雕塑作
品。

戰爭紀念館
전쟁기념관

info

🚇4、6號線三角地站12號出口徒步約3分　🏠龍
山區梨泰院路 29；용산구 이태원로29　☎02-
709-3139　🕐9:00～18:00(入場至17:30)，每月
最後一週週六9:30～20:00　🚫週一(週一若為國
定假日，則改為連續假日結束後一日休館)　💲免
費　🌐www.warmemo.or.kr

　　戰爭紀念館的設立，是為了汲取戰爭的
教訓。館內範圍廣大，分為護國悼念室、
戰爭歷史室、韓國戰爭室、海外派兵室、
國軍發展室、大型裝備室等6大展廳，露
天的展覽場則展示戰爭時的裝備等。

入口處
的兄弟之像隱含戰場
上無數的哀痛故事。

韓劇《秘密》中，男女
主角浪漫的木椅約會
之地。

龍山家族公園
용산가족공원

info

🚇4號線二村站2號出口　🏠龍山區梨泰院路60；
용산구 이태원로60　☎02-792-5661

　　龍山家族公園這塊土地歷經朝鮮時代
壬辰倭亂、也曾做為中國軍隊屯駐地，日
治時期被日軍占用，可說是一片歷盡滄桑
的土地。1997年國立中央博物館落腳於
此，也把這片土地規畫為龍山家族公園。

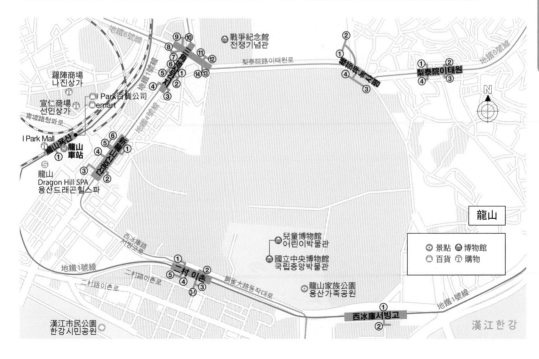

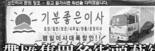

梨花洞駱山公園一帶匯集眾多街頭藝術，壁畫、招牌或是老房子都值得一拍

王牌景點 ⑨

梨花洞壁畫村

造訪梨花洞壁畫村理由

1 韓劇人氣拍攝景點

2 每個角落都有可愛的壁畫出現

3 適合帶著相機尋訪的藝術街道

壁畫村坐落在住宅區，記得不要大聲喧嘩，不要遺留垃圾，還給當地居民的居住權益。

👁 MAP P.118

梨花洞壁畫村
이화동 벽화마을／
Ihwa Mural Village

4號線【惠化站】2號出口步行15~20分抵達

至少預留時間
梨花洞壁畫村散策＋拍照：
2~3小時
惠化站周邊逛逛：
1小時

在駱山公園的周邊會發現一些漂亮的壁畫和裝置藝術，它們隱身於胡同之間，像是平房牆上的美麗塗鴉、石階小路上的可愛圖畫，這些都是數年前當地刻意進行的公共美術駱山工程之一。而這些畫作讓這一路上上下下的爬坡路帶來趣味，替這趟小旅行增添許多未知的驚奇！還有，天氣也很重要，下雨天走坡路要小心，照片也不好拍，行前多加留意天氣狀況以免壞了興致。

在一棟棟民宅裡尋找可愛壁畫

原本梨花村只是座落於駱山公園半山依山而建的一個貧窮村落，首爾市政府找來了70多名藝術家來粉刷這裡，所以上上下下灰色台階與無趣的牆面才有了新的樣貌，隨之開設特色小店、咖啡館吸引觀光人潮促進經濟。

Do YOU KnoW

大學路迷你劇場好像很多？

1980年起開始，陸陸續續有許多話劇劇場遷移至大學路，約30多個劇場聚集在這一帶，因此從那時開始大學路就儼然是一條文化街，後來一些有現場表演的咖啡店、影院、劇場、咖啡館、酒吧等也都慢慢開始聚集，而成為一個綜合性的文化空間。

找尋隱藏在巷弄內的可愛圖像像是尋寶闖關般，也為這趟旅程增添許多迷人的風景。

壁畫村是依山而建，途中會遇到許多陡坡及石階小路，記得穿雙舒適的步鞋會比較輕鬆。

將生動的壁畫一起儲存在相機、手機裡吧！

怎麼玩梨花洞壁畫村才聰明？

穿著輕鬆+舒適步鞋

壁畫村一路有不少上坡路、小徑或石階道，雖稱不上辛苦，邊走邊賞景拍照也十分愜意，建議穿著輕鬆加上好走路的鞋，再準備一些小點心和水，帶著郊遊的心情前往。

一起玩大學路

梨花壁畫村與惠化大學路在同一區，建議可先到壁畫村「安靜而不打擾人」參觀拍照留念，再轉往大學路，吃平價在地韓食，逛學區附近小街，也有許多有現場表演的咖啡店、劇團表演、影院。

惠化站出口

2號出口出站是往壁畫村方向；4號出口則是往大學路，整條街像是濃縮版的梨大，滿滿的服飾、美妝及美食店。往前直走至大馬路上轉往巷內，則進入成均館大學周邊街道，可挖掘不少美食餐廳。

梨花洞壁畫村

山坡上的童心壁畫村，
一起在巷弄間找尋可愛的塗鴉！

❶入口

壁畫村GOGO！馬上有隻大貓咪迎接你！

嘘…梨花洞是住宅區，遊逛時講話小聲一點哦～

Q版復仇者聯盟現身在梨花壁畫村！

❷梨花村地圖

牆壁畫著詳細的可愛版梨花村地圖，找找看你在哪裡，接著往下走。

❸七彩圍牆

在大貓咪旁邊就在七彩圍牆，也是最棒的拍照景點！

❹天使翅膀

壁畫村經典場景之一，潔白翅膀變身成美麗的天使～

❶❸❷

東崇1街

韓國廣播通信大學

梨花莊街 이화장1길

梨花莊1街 이화장1길

梨花洞壁畫村：參觀重點

❺尋找小王子

除了美式漫畫，最經典的童話故事《小王子》也現身在此。

❻金魚對話

兩隻栩栩如生的金魚優游在牆上，一旁畫上對話框讓大家一起發揮想像。

駱山公園 낙산공원

❼學生變裝

很多年輕人會穿著制服來壁畫村拍復古學生照，當地也有不少店家提供制服租借服務。

❽可愛小狗

動物圖案也是壁畫村最常見的創作，立體光影描繪得相當真實。

📖

死灰復燃的梨花洞壁畫村

在2016年中旬時，梨花壁花村曾出現多處壁畫被損毀用紅色噴漆噴上反對的標語，更有部分壁畫直接被去除掉或掩蓋，原因是梨花洞的居民受不了每天被前來的遊客打擾所做出的反抗，故呼籲前往的旅人都能盡量降低音量、減少垃圾，不打擾到居民生活。

階梯上原有的花朵彩繪已被抹去，現在只剩下灰色階梯。

❾美式風格

　　風格強烈的美式塗鴉也散佈在小角落，集匯著不同代表的藝術力量。

❿動物王國

　　進入壁畫村後中間段會經過駱山公園，一旁的動物王國活潑又生動！

⓫半空中的藝術品

　　從高牆露出來的藝術品，站在鐵杆上的男人與小狗像是懸浮在半空中。

⓬戀人雕像

　　一路上裝置藝術也不少，像是站在高台上攜手看著城市風景的情侶雕像。

⓭角落驚喜

　　走在路上連旁邊的鐵欄杆也別錯過，你看小黑貓在這裡！

⓮電線創作

　　遠看像幅美畫，近看原來是利用電線在住宅白牆上作畫。

還有這些可愛壁畫村

首爾市區其實不止梨花洞壁畫村，還有像北阿峴洞、弘濟洞等地方，走入更在地的首爾，來場壁畫村探險之旅！

北阿峴洞壁畫村
북아현동벽화마을

📍P.4　🚇5號線忠正路站7號出口，轉搭西大門綠色小巴(서대문02)約8分於「金樺莊岔路(금화장오거리)」下車

位在京畿大學(首爾校區)後山，有處看似平凡、實則可以在意想不到的地方發現壁畫的社區，這裡也曾是韓劇《奶酪陷阱》拍攝場景，包括劇中洪雪的租屋處、每天上下課會經過的巷弄、與學長愛情萌芽的地方等，都是在北阿峴洞壁畫村拍攝。

《奶酪陷阱》很常出現的租屋處附近一隅，大象壁畫是醒目標誌。

每個地方超好拍！

快樂的一家五口與小兔子們～

從高處看蟻村，房屋就像樂高玩具一般散落在山坡地上，在一片綠地裡更具生命力。

家家戶戶的外牆塗上不同風格的圖案，為平淡無奇的村莊增添更多彩的生活氛圍。

弘濟洞螞蟻村
홍제동개미마을

📍P.4　🚇3號線弘濟站2號出口出站回轉直走搭乘07號綠色小巴，車程約15分，到總站螞蟻村(개미마을)下車，沿著山坡路往下逛即可

「弘濟洞螞蟻村」位在西大門區的弘濟洞一處依山而建的小山莊，此處為韓戰後形成的難民居處，爾後由建商贊助並請來美術系學生，將原本不起眼的小村莊變身為彩繪壁畫村。韓綜《Running Man》、電影《七號房的禮物》，皆曾於螞蟻村拍攝。

121

逛完壁畫村再回到惠化站周邊逛逛，有哪些好玩的景點呢？

 MAP P.122 大學路 대학로

如何前往

4號線惠化站1~4號出口即達

早期首爾大學在此創立，學生族群漸漸在此聚集，「大學路」之名由此而來，現今則以

小劇場表演眾多著稱，任意一處轉角就有劇目正上演的劇場，電影院也進行各類影展，即使不諳韓文，都能感受到戲劇的創意能量。

大學路

- 成均館大學성균관대학교
- 首爾文廟서울문묘
- Thunder Chicken 썬더치킨
- 天主教大學
- 飯捲天國김밥천국
- Café Tous Les Jours
- CGV
- Cafe Bono
- Look Optical
- 東崇藝術中心 동숭아트센터
- Naughty Cat 못된고양이
- CONUS
- 機器人博物館 로봇박물관
- OST
- 10x10
- 弗二我火鍋 불이아
- Tasen Classic 1812
- 昔日農場 옛날농장
- 學林茶館 학림다방
- Arco藝術劇場
- 駱山公園 낙산공원
- Arko美術館 아르코미술관
- 公園入口
- 馬羅尼埃公園 Marronnier Park 마로니에공원
- 首爾大學醫學部
- 鎖博物館 잊대 박물관
- 韓國廣播通信大學
- 梨花洞壁畫村 이화동 벽화마을
- 昌慶宮창경궁
- 弘化門혜화문

◎ 景點　◎ 餐廳　◎ 購物
◎ 咖啡廳　◎ 博物館　◎ 劇院

街道上的裝置藝術也是看點之一。

有此一說～

為何小劇場都聚集在大學路呢？

大學路是韓國著名的最高學府「國立首爾大學」的舊址，後來大學遷移後，就成了各個文化團體和小劇場的聚集地，一些年輕的藝術家也都常常會在街頭表演，正因為如此，這裡也常被稱為「話劇的麥加」！

徜徉公園綠地欣賞首爾美景。

駱山公園
낙산공원

MAP
P.122
A1

如何前往

4號線惠化站2號出口徒步約12分

以花崗岩構成的駱山公園，因山形遠看像是駱駝的背，所以稱之「駱山」。朝鮮時期是貴族王公們閒暇玩樂的後花園，後來在日治時期遭到破壞，直至2002重新整修開放，才又恢復成一塊美麗的綠地。

韓劇浪漫景點：城郭上談情說愛

夜晚打上燈光後極其美麗的首爾一角，就是首爾城郭，是朝鮮時代為禦敵而建，全長18公里的城牆，從駱山公園一路延伸至東大門，前者即稱為駱山公園城郭，後者則為東大門城郭公園。韓劇《The King 2 Hearts》、《閣樓上的王子》、《燦爛的遺產》和《最佳愛情》都曾出現過的城郭場景。

公園是小朋友的遊戲場，也是露天表演場地。

馬羅尼埃公園
Marronnier Park /
마로니에공원

MAP
P.122
A2

如何前往

4號線惠化站2號出口徒步約2分

info

◎鍾路區大學路8街1；종로구 대학로8길1

公園入口矗立了一座1997年世界戲劇節在首爾舉行的紀念雕塑，三角鼎立、上方以一圓盤連結，象徵世界可藉由戲劇文化，突破國籍藩籬、凝聚彼此。

想找平價美食，來學區周邊找準沒錯！
因位處成均館大學學區，這裡是平價美食天堂！

學林茶館/학림다방

懷舊茶館

🏠 鍾路區大學路119 2F；
종로구 대학로119 2F

木造風格的閣樓座位區，像是踏入50、60年代的茶館，如果以為這裡只提供老式茶類那可就大錯特錯，咖啡、熱巧克力、飲料、蛋糕、冰品應有盡有。

📖P.122A1 🚇2號線惠化站3號出口徒步約1分 ☎02-742-2877 🕙10:00~23:00

> 牛排和豬五花
> ₩10,000起
> 推薦菜

> 奶油起司蛋糕
> ₩6,000
> 推薦菜

昔日農場/옛날농장

平價烤肉店

🏠 鍾路區大學路11街44；
종로구 대학로11길44

昔日農場是在地人推薦的烤肉店，店家提供牛排、五花肉、豬頸肉等食材，肉質鮮嫩，將烤好的肉與蒜頭、泡菜、香菇、辣椒一起包在生菜裡一口吃掉超滿足！

📖P.122A1 🚇2號線惠化站1號出口徒步約2~3分 ☎02-763-9834 🕙約10:00~5:00

梨花洞壁畫村：用餐選擇

Café Tous Les Jours
連鎖咖啡店

🏠 鍾路區大明街9；종로구 대명길9

雖説是連鎖咖啡店，但明亮的座位區總是虛無座席，冰櫃中放了琳瑯滿目的現做蛋糕或三明治，鋪滿新鮮水果的海綿蛋糕鮮豔欲滴，讓人食指大動。

🔎P.122A1 🚇4號線惠化站4號出口徒步約1分 ☎02-741-7077 🕐8:00~23:00

**蛋糕
₩1,800起**
推薦菜

飯捲天國/김밥천국
韓式飯捲

🏠 鍾路區成均館路13-1；
종로구 성균관로13-1

飯捲天國是海苔飯捲連鎖專賣店，招牌飯捲灑上芝麻的海苔口感酥脆，其他還有蔬菜、起司、炸蝦、豬排、牛肉、泡菜等口味，價格便宜又有飽足感。

🔎P.122A1 🚇2號線惠化站4號出口徒步約8分 ☎02-747-2332 🕐24小時

**海苔飯捲
₩2,000起**
推薦菜

製鞋工廠區域蛻變時尚文藝特區，
改建舊倉庫、老工廠變身超夯工業風咖啡廳

首爾林公園因擁有大片森林而有韓國版的紐約中央公園之稱。

聖水洞

造訪聖水洞理由

① 韓國在地人都愛去的**人氣**景點

② 咖啡控決不能錯過**各色獨**特咖啡館

③ 舊建築的迷人風采讓人想再多拍幾張照

聖水洞
성수동 / SEOINGSU DONG

MAP P.128

2號線【聖水站】1~4號出口
盆唐線【首爾林站】3號出口

至少預留時間
聖水洞遊逛：
1小時
找間咖啡廳坐坐：
2小時

　不讓年輕人最愛聚集的弘大、合井一帶專美於前，在首爾各區域的特色咖啡廳也滿地開花，像是梨泰院附近的漢南洞、綠莎坪，弘大附近的延南洞，首爾市郊板橋區等都有特色咖啡館，其中最新興的咖啡區域便是位在城東區的「聖水洞」，聖水洞是2014年首爾城市文藝復興計畫之一，將舊屋改造工業風的ONION及大林倉庫開啟聖水洞特殊的況味，尋著咖啡香畫出這趟屬於自己的咖啡地圖！

Do YOU KnoW

聖水洞是「首爾市裡的布魯克林區」

因曾作為韓劇《鬼怪》拍攝景點而開始受到觀光客注意的咖啡街，原本是製鞋和各種小工廠林立的地區，近年受到許多年輕的藝術及設計工作者將這裡的老舊建築重新改造裝潢，揉合新舊風格的氣氛深具衝突美感，成功的扭轉老街形象，而有「首爾的布魯克林」之稱。

聖水洞早期為工業區及製鞋場，附近的風景與一般觀光區截然不同，不妨花點時間散步一下，感受另一種面貌的首爾市；如果體力夠的旅人不妨可以漫步到首爾林公園。

首爾市內最大最美的森林「首爾林公園」就位在聖水洞。

聖水洞離建大站很近，所以可以在聖水洞參觀完鬼怪壁畫與有名的咖啡街後，轉往建大站著名的貨櫃百貨COMMON GROUND，行程結束後可以選擇直接在建大學區附近享用美食，這裡也是有很多好吃的美食店。

從前是許多工廠林立的地方，許多建築物都還保留有從前工業風建築風格的樣貌。

除了特色咖啡館，每間店家的甜點更是風格各異，不妨選一間最喜歡的品嚐咖啡午後時光。

從聖水洞串聯到建大商圈還逛不夠的話，建大入口站有交接2號線及7號線，逛完大商圈再搭乘7號線至高速巴士轉運站，首爾最長地下街就在這裡，繼續血拼、繼續逛！

隱藏在優雅印花下那說不出口的故事

聖水洞有間MARYMOND店面，品牌宗旨是為了幫助以前戰爭時期受到迫害的慰安婦奶奶們的善心品牌，會將被害者奶奶們親手製作的壓花作為商品販售，並將收入用作幫助慰安婦奶奶們上，有許多知名藝人都有支持並使用！

127

參觀重點

作一份屬於自己的聖水洞咖啡散步地圖，光看裝潢就特別舒心，隨選一間店啜飲一杯咖啡時光

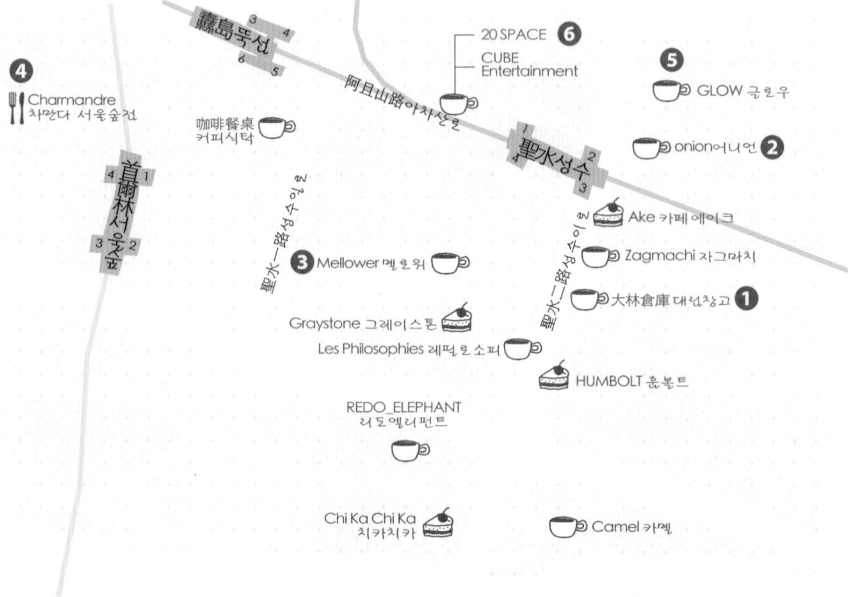

纛島뚝섬
3
4
6
5
阿且山路아차산로
20 SPACE 6
CUBE
Entertainment
5
GLOW 글로우
4
Charmandre
차만다 서울숲점
咖啡餐桌
커피식탁
1
聖水성수
2
3
onion어니언 2
首爾林서울숲
4
1
3
2
聖水一路성수이로
3 Mellower 멜로워
Ake 카페 에이크
聖水二路성수이로
Zagmachi 자그마치
大林倉庫 대림창고 1
Graystone 그레이스톤
Les Philosophies 레필로소피
HUMBOLT 훔볼트
REDO_ELEPHANT
리도엘리펀트
Chi Ka Chi Ka
치카치카
Camel 카멜

1 大林倉庫 대림창고

聖水洞的高人氣咖啡店之一，兩層樓店面相當寬敞，座位隨意配置著，利用花草、暖爐打造出舒適空間。咖啡、飲品和甜點外，還有輕食和小披薩。

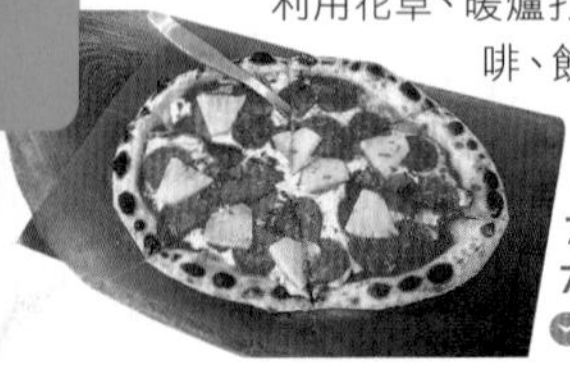

城東區聖水1路78；성동구 성수이로 78　02-499-9669　11:00~23:00

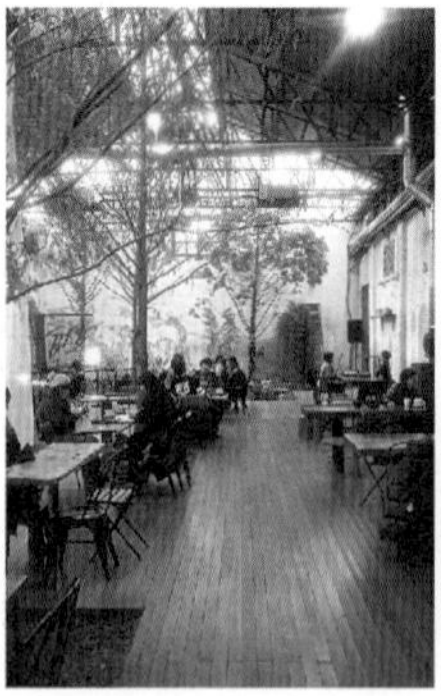

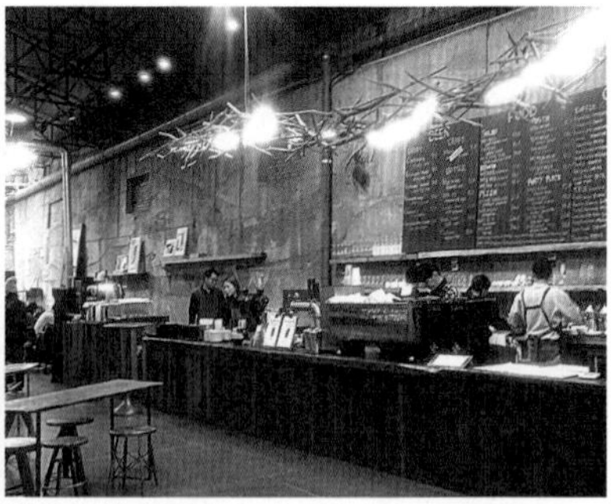

舊倉庫變身飄散咖啡香的藝文空間。

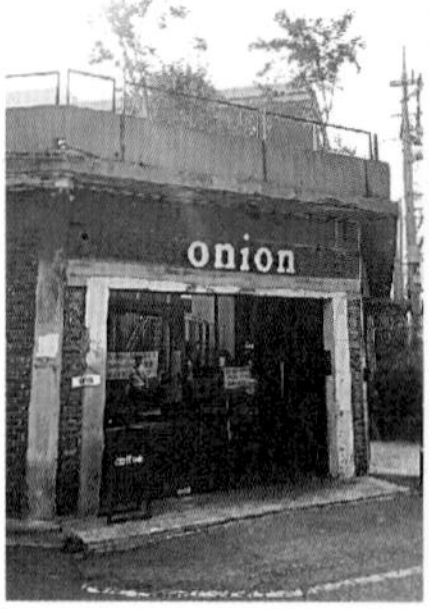

onion

onion是聖水洞必訪咖啡館之一！

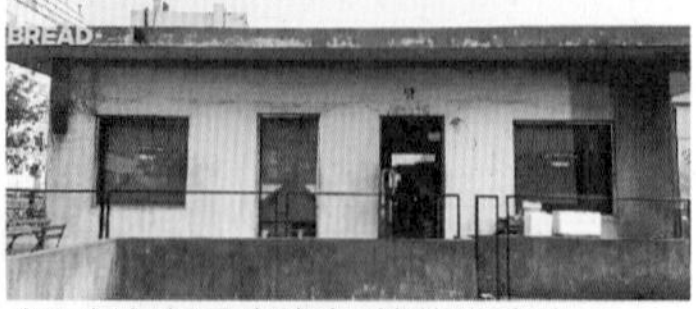

BREAD

店內麵包都是出爐自2樓的烘焙坊。

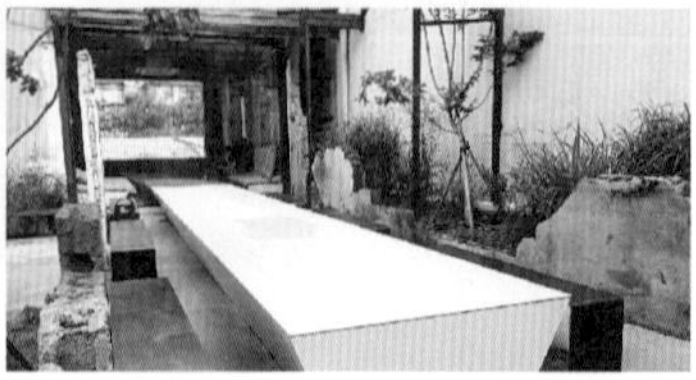

2 onion 어니언

以工業風格打造的「onion」，不修邊幅的粗獷風格與咖啡香、麵包香衝突卻充份融合，記得點杯美式咖啡和店內人氣招牌Pandoro，咀嚼正宗的韓國咖啡文化。

聖水洞阿且山路9街8；성동구 아차산로9길 8　02-1644-1941　週一~五8:00~22:00，週六~日10:00~22:00

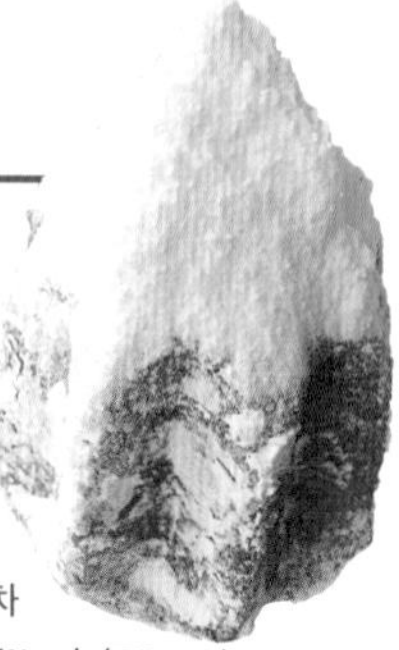

人氣Pandoro，酥軟口感令人著迷。

☕ ③ Mellower
멜로워

Mellower源自中國品牌「麥隆咖啡」，經營者是全球知名咖啡人金禎揆，該品牌選在聖水洞作為據點，甜點、麵包和咖啡是最棒的搭配。

📍城東區聖水1路7街39；성동구 성수이로7길 39 ☎02-499-1112 🕐週一~五8:00~22:00、週六~日10:00~22:00

紅蘿蔔蛋糕是人氣甜點。

檸檬戚風蛋糕上的糖霜令人垂涎三尺。

☕ ⑤ GLOW
글로우

走時尚簡約風格的GLOW，遠離了聖水洞主要的咖啡街，在安靜巷弄內享有專屬的一片天，店內黑白色調讓喜歡簡單格調的人感到舒適，亂中有序的擺放著座位，提供咖啡、飲品和麵包小點，在偌大落地窗旁享受午後陽光。

📍城東區峨嵯山路9街20；서울 성동구 아차산로9길 20 ☎070-5097-5506 🕐週一~五9:00~21:00、週六~日10:00~22:00 💲咖啡₩4,500起

招牌菜單「威靈頓牛排」，複製英國道地風味。

🍴 ④ Charmandre
차만다 서울숲점

首爾林是首爾的一片綠洲，在這城市中的森林里散步讓人非常放鬆和愉快，也讓此區成為約會的熱門地。英式家常菜餐廳品牌「Charmandre」是當地人氣餐廳之一，招牌菜單威靈頓牛排（Beef Wellington）是英國相當著名的一道名菜，特選牛肉裹上酥皮烤製，外酥內嫩令人回味無窮。訂位時可以指定窗邊座位，欣賞首爾林綠草成蔭的美景。

📍城東區首爾林二街28-12；서울 성동구 서울숲2길 28-12 ☎02-6448-0812 🕐11:30~21:30(休息時間15:00~17:00)

咖啡店就在CUBE旁，來杯咖啡看能否巧遇偶像？

☕ ⑥ 20SPACE

CUBE經紀公司新開設的咖啡店，整體走黑色時尚風格，感覺在這裡喝咖啡也能變成偶像藝人。

📍城東區峨嵯山路83；성동구 아차산로 83 ☎02-548-7720 🕐10:00~22:00

順遊景點 腳力好一點的話可以散步到首爾林公園，
超大的公園綠地裡還能看小鹿，
旁邊的貨櫃屋也是個拍照好景！

體育公園 체육공원　4號出口 4번입구
Skate Park 스케이트파크　3號出口 3번입구
鏡池 거울연못　UNDERSTAND AVENUE 언더스탠드에비뉴
9號出口 9번입구　首爾林公園 서울숲공원
戶外舞台 야외무대　2號出口 2번입구
彩虹隧道 무지개터널　1號出口 1번입구
15號出口 15번입구
入口

| 首爾林 | ◉ 景點 |

 MAP P.130 **首爾林公園**
서울숲공원

如何前往

盆唐線首爾林站3號出口徒步5分

info

⌖ 城東區纛島路273；성동구 뚝섬로 273　☏ 02-460-2905　🌐 parks.seoul.go.kr/seoulforest

「首爾林公園」建於2006年，占地約35萬坪，因擁有大片森林被譽為韓國版的紐約中央公園，公園植栽超過100種樹林並設計五個主題公園：文化藝術公園、自然生態林、自然體驗學習園、濕地生態園、漢江水邊公園。

公園裡的野生鹿場可以餵養小鹿。

明鏡池因能如鏡子倒映對面的鷹峰山和樹林而得名。

 從鷹峰山遠眺首爾林公園
從位在城東區的鷹峰山上往北面看有美麗都市河景、首爾林公園、漢江公園等，也可將遠方的山景收納眼底，夜幕低垂時的夜景更是美不勝收，漢江大橋上車輛來往的燈光、路燈與橋上的燈光造景，融合而一幅華麗的城市夜景。

聖水洞：：順遊景點

來一場貨櫃屋藝術之旅

在首爾，這樣外觀造型特殊、裡頭如同百貨商場一樣好逛好買的貨櫃屋開始流行，從建大商圈、首爾林、倉洞到新村，彩色貨櫃屋陸續登場！

廣場上不定期舉辦創意市集。

POWER STAND主要提供年輕設計品牌進駐。

UNDERSTAND AVENUE 文創BOX
언더스탠드에비뉴

盆唐線首爾林站3號出口徒步約3分　城東區往十里路63；성동구 왕십리로 63　02-725-5526　店家11:00~20:00、服務台10:00~18:00(中午休息13:00~14:00)　免費入場　www.understandavenue.com

UNDERSTAND AVENUE集結116個貨櫃屋，打造出年輕、時尚的購物食樂空間，從YOUTH STNAD、

MOM STAND、ART STAND、POWER STAND、SOCIAL STAND等區域可以找到不同主題的展覽空間及賣場。

五顏六色的貨櫃屋怎麼拍都好看！

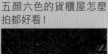

Platform Chang Dong 61 藝術BOX
플랫폼 창동 61

1、4號線倉洞站1號出口徒步約1分　道峰區馬得路11街74；도봉구 마들로11길 74　02-993-0561　10:00~22:00　休 週一　免費入場　www.platform61.kr

2016年全新開幕的新貨櫃物景點，數字「61」是因由61個貨櫃組合而取其名，在占地約750坪的場地分為2層樓的活動空間，如用來舉辦演唱會的公演場地Red Box、藝廊Gallery 510，另有餐廳或咖啡館等滿足飲食需求。

新村BOXQUARE 美食BOX
신촌 박스퀘어

京義中央線新村站1號出口徒步2分　西大門區新村站路22-5；서대문구 신촌역로 22-5　02-3140-8371　11:00~21:00　免費入場　www.boxquare.kr

新村貨櫃屋進駐眾多街邊小吃店，還有手工藝品店可以參觀選購，對飾品類或訂製手機殼有興趣的人可來此挖寶；2F的空貨櫃還有展示藝術品及畫作；3F有一間露天咖啡兼酒吧進駐，晚上在此小酌超有氣氛。

串·聯·行·程 建大商圈

就像弘大、新村、梨大以學區形成的商圈，同位在2號線上的建大入口站成為獨樹一格的學生聚集地，特色貨櫃物及平價美食活絡城東區的生活氣氛。

◎從**聖水站**同樣搭乘**2號線**，因2號線是循環線，要注意搭乘方向是往下一站**建大入口站**。

◎搭乘**2、7號線建大入口站**下車，**3、4號出口**是往建國大學；**2號出口**即往美食街方向；欲往**COMMON GROUND**貨櫃屋請走**6號出口**。

COMMON GROUND 커먼그라운드

info

📍廣津區阿且山路200；광진구 아차산로 200 📞02-467-2747 🕐1F~2F(店家)11:00~22:00、3F(Terrace Market)餐廳11:00~22:00、PUB11:00~2:00 💲免費 🌐www.common-ground.co.kr

　利用近200個深藍色貨櫃屋組合成兩個「ㄇ」字型的商場空間「COMMON GROUND」，場地可畫分為A棟的「Street Market」、B棟的「Market Hall」，戶外空地還有「Food Truck Market」。

深藍色的工業風貨櫃屋是熱門拍照景點！

戶外廣場擺著幾台帥氣的特色餐車。

聖水洞：串聯行程

建大入口

◎ 景點　🍴 餐廳　🏬 百貨
🛍 購物　🍰 甜點

兒童大公園(世宗大)
서울어린이대공원(세종대)

⑤ 兒童大公園
서울어린이이대공원

廣渡口路광나루로

🍴 DEM Project
🍴 analog Kitchen아날로그키친
🍴 Food Truck

Clio專賣店CLUB CLIO
클럽클리오 건대클럽

建大美食街
건대맛의거리

🍰 Lga coffee더엘가

🏬 樂天百貨建大 starcity店
롯데백화점
건대스타시티점

🛍 Starcity Mall
스타시티몰

🏬 emart 紫陽店
이마트 자양점

COMMON GROUND
커먼그라운드

🏫 建國大學
건국대학교

建大羅德美食街
건대로데오거리

↓往纛島漢江公園뚝섬한강공원

樂天百貨
建大starcity店
롯데백화점 건대스타시티점

info

📍廣津區陵洞路92；광진
구 능동로 92　📞02-2218-
2500　🕐週二～四
10:30~20:00、週五～日
10:30~20:30

　　與建大入口站4號出
口直結的樂天百貨建
大starcity店，分有10層樓層，B1F有emart
商場，1~9F為各類生活家居賣場，想要找
美食街可以直接前往10F。

emart 紫陽店
이마트 자양점

info

📍廣津區阿且山路272 B1F；서울 광진구 아차산
로272 B1F　📞02-2024-1234　🕐10:00~24:00
🚫每月第二、四週日

　　位在建大入口站starcity購物百貨B1的
emart和樂天超市一樣，也是販售大包裝
商品，且如果仔細比價的話，可以發現有
些商品甚至比樂天超市還便宜！

emart是韓國人日常採買的大型連鎖超市。

一到晚上在周邊地帶擺滿小攤，像個小型夜市。

建大美食街
건대맛의거리

info

📍廣津區同一路22街；광진구 동일로22길　🕐
11:00~凌晨(各店不一)

　　2號出口出站左邊即是齊聚眾多平價美
食餐廳的「建大美食街」，由東西向南北
延伸的兩條主要道路，在夜幕低垂後更是
人聲鼎沸，韓式居酒屋、烤肉店、日式食堂
還有數不清的KTV、網咖總是擠滿人潮。

建大羅德奧街
건대로데오거리

info

📍廣津區同一路20街；광진구 동일로20길　🕐
11:00~2:00(各店不一)

　　在COMMON GROUND一旁的小巷就
是建大羅德奧街，街上有幾間大型的運
動用品店adidas、Reebok、NIKE等，周邊
也有眾多特色小店及大型餐廳。

별마당도서관

首爾市裡最大的複合式購物中心，還有唯一一座在百貨裡的巨型圖書館，一起深陷唯美場景裡

王牌景點 ⑪

全首爾唯一在百貨裡的巨型圖書館，挑高空間與巨大書架彷彿來到異星世界，除了藏書豐富更是處超好拍景點！

COEX MALL

MAP
P.138
B2

COEX MALL
코엑스

COEX韓國國際會議展覽中心於2000年5月啟用，是整個大首爾的商業中心，除了韓國最大的綜合展覽館「韓國國際會議展覽中心(COEX)」外，還匯集了飯店、賭場、水族館、韓流表演場、都心機場、免稅店跟購物中心等，可說是江南的核心地段。帶著沉靜與韓國傳統色彩的奉恩寺佇立在這車水馬龍的繁華市區中，形成一大對比，在這裡可以同時感受到繁華都市跟寧靜寺廟的雙重氣息。

造訪COEX MALL理由

1 韓國最大複合購物商城

2 挑高開放式圖書館，體驗韓式文青風格

3 都市現代感與奉恩寺形成特殊對比

COEX MALL小檔案

改裝完工：2014年11月
面積：三萬六千多坪
賣場：約260個
樓層：B2F~2F
建築改裝：Gensler公司

🏠江南區永東大路513；강남구 영동대로 513
📞02-6002-5300
🕐約11:00~22:00(各店不一)
🌐www.coex.co.kr

至少預留時間
COEX購物逛街：
1~1.5小時
周邊景點遊玩：
1~2小時

2號線【三成站】5、6號出口

Do YOU KnoW

COEX MALL曾舉辦多場知名國際會議

原來是由韓國貿易協會出資所建造主要目的是用來舉辦為韓國進出口會展跟國際博覽會稱為KOEX(Korea Exhibition Center)韓國展覽中心,漸漸地周圍新增許多貿易辦公室跟飯店以及購物中心,越來越繁華成為現今首爾的商業中心,在1998年改名為COEX(Convention&Exhibition),每年會在COEX會議中心舉辦多場國際會議,也因舉辦過2000年的亞歐高峰會(ASEM)、2010年的G20高峰會而聞名。

地下鐵直通的複合商城COEX,集結了購物中心、都市機場轉運站、免稅店等。

COEX位處首爾最貴地段江南地區,周邊辦公大廈林立,與漢江以北是截然不同的風景。

迷妹迷弟不能錯過的K-POP聖地,一定要記得去COEX旁由SM公司開設的SMTOWN@coexartium。

怎麼玩COEX MALL才聰明?

一起到奉恩寺吧!

可以體驗韓國寺廟文化,這裡用米跟白蠟燭來拜佛,就算不是佛教信徒,到這走走也可以感受到不一樣韓國傳統氣息,若是想更深入體驗,這裡也可體驗寺廟住宿,必須提早一週在網上或打電話預約。

韓國都心機場

若是想利用搭機前的閒暇時間做最後購物,可先上網預查所搭乘航班是否可在coex三成站的都心機場預先辦理登機,在一樓有些航空公司設有櫃台可以辦理登機以及行李托運手續,二樓則有直通機場的巴士,辦理完登機手續後,抓好抵達機場時間,就可繼續逛街購物。

寓教娛樂COEX水族館

韓國最早成立的大型水族館,在這裡擁有全韓國最多的鯊魚數量和海洋生物種類,還有動物餵食秀跟餵食體驗項目可以體驗,非常適合一家大小同遊,在客路klook網上購票可享有優惠。

135

參觀重點

在COEX MALL裡除了超美的星空圖書館，還有哪些設施呢？

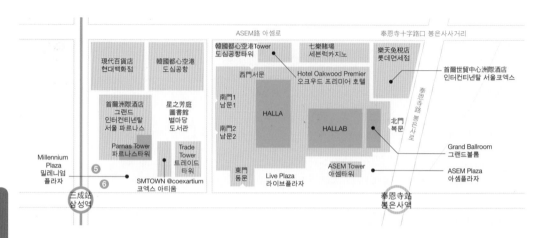

ASEM路 아셈로 　　　　　　　　　　奉恩寺十字路口 봉은사사거리

現代百貨店
현대백화점

韓國都心空港
도심공항

韓國都心空港Tower
도심공항타워

七樂賭場
세븐럭카지노

樂天免稅店
롯데면세점

首爾世貿中心洲際酒店
인터컨티넨탈 서울코엑스

西門서문

Hotel Oakwood Premier
오크우드 프리미어 호텔

首爾洲際酒店
그랜드
인터컨티넨탈
서울 파르나스

星之芳庭
圖書館
별마당
도서관

南門1
남문1

HALLA

南門2
남문2

HALLAB

北門
복문

Grand Ballroom
그랜드볼룸

Parnas Tower
파르나스타워

Trade
Tower
트레이드
타워

Millennium
Plaza
밀레니엄
플라자

⑤

⑥

東門
동문

Live Plaza
라이브플라자

ASEM Tower
아셈타워

ASEM Plaza
아셈플라자

SMTOWN @coexartium
코엑스 아티움

三成站
삼성역

奉恩寺站
봉은사역

COEX MALL

擁有展覽中心、會議中心、亞歐高峰大廈、貿易會館、飯店等設施，以及號稱全亞洲最大的COEX MALL。

館內擁有50,000多本藏書及雜誌供讀者免費閱讀，還可使用iPad閱讀電子版本。

星之芳庭圖書館

🕐B1~1F

採用木材作為裝潢基調，時尚的設計以及能從多面大窗讓陽光照射進來的極佳採光，都讓人充分擁有在時尚文藝空間中閱讀的氛圍。

星之芳庭是首爾第一間開在百貨商場裡的圖書館。

café MAMAS

⊙B1F

café MAMAS必點的是起司生菜沙拉，以及有多種口味的帕尼尼，生菜沙拉的醬汁非常清爽又特別，不喜歡吃生菜的人都可以吃得津津有味。

寬闊的店面也充滿設計感。

帕尼尼口味眾多，沙拉也是人氣招牌。

海洋主題公園

⊙COEX MALL海洋街最底端

海洋主題公園為韓國最大規模的水族館，園內分有「亞馬遜密林探險」、「七色海」、「Deep Blue Sea」，以及可180度觀賞海洋生物的海底隧道。

4樓有「SUM CAFE」，以及有各種日常生活用品及零食的「SUM MARKET」。

SMTOWN@coexartium

⊙COEX MALL旁

由SM經紀公司開設的複合式商店，共6層樓的空間販售旗下藝人周邊商品、並規畫各種互動設施和展演。2樓為周邊商品店；3樓SMTOWN STUDIO規劃多元服務供申請體驗；4樓是咖啡館；5~6樓的可觀賞全像3D演唱會。

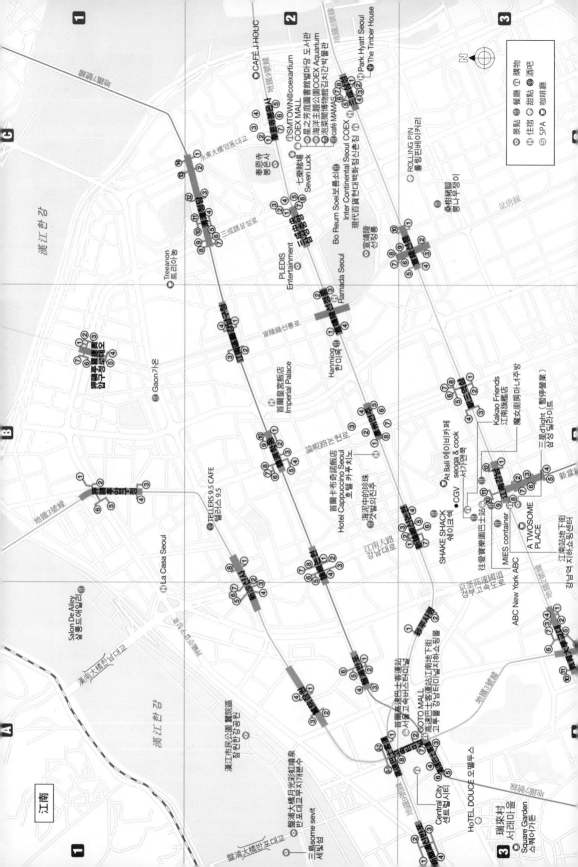

江南

COEX MALL周邊還有哪些景點可以規畫成一日行程呢？這些地方讓你一次滿足購物及觀光

 江南站地下街
강남역 지하쇼핑센터 MAP P.138 B3

如何前往
2號線、新盆唐線江南站出口即達

info
⌂江南區德黑蘭路101；강남구 역테헤란로101
02-553-1898 ●10:00~23:00 ㉚農曆新年、中秋節(各店不一)

走出江南地鐵站眼前就是看不見盡頭的成排店鋪，從吃的穿的到住的，都可以在這個廣大的地下迷宮找到。由於交通非常方便，又可遮風避雨，在天候不佳或者酷寒的冬季，就會看到通道擠得水泄不通。

 Kakao Friends 江南旗艦店 MAP P.138 B3

如何前往
2號線江南站10號出口徒步約10分

info
⌂瑞草區江南大路429；서초구 강남대로429 ☎02-6494-1100 ●10:30~22:00 ✎store.kakaofriends.com

沒有表情的Ryan是最受歡迎的角色。

江南Kakao Friends旗艦店店面分有3層樓，1樓主要販售玩具、文具、手機相關周邊與玩偶等商品；2樓有生活用品、廚房用品、服飾配件、旅行小物等；3樓是專為Ryan量身打造的主題餐廳。

奉恩寺有不少國家重要文化財，是歷史悠久的名所。

 奉恩寺 봉은사 MAP P.138 C2

如何前往
2號線三成站5、6號出口徒步約15分

info
⌂江南區奉恩寺路531；강남구 봉은사로531
02-3218-4895(外國人專線) ●3:00~22:00 免費 ✎www.bongeunsa.org

坐落於COEX北側的奉恩寺，是超過1,200年歷史的古剎，西元794年新羅的元聖王時期所建，當時名為見性寺；1498年朝鮮成宗的貞顯王后把成宗安葬在寺廟的東側，並擴建改名為奉恩寺。

有此一說～

心想事成石頭塔
在韓國寺廟、山區或者是一些古蹟光觀景點，常可看到用石頭堆成的塔，韓國人相信用不規則的石頭堆疊時，同時許下自己的心願，塔堆疊越高代表心願越有可能實現。

高級地段江南有許多高級又有質感的餐廳，也有不少新潮的店家穿插其中

桑樹豬腳/뽕나무쟁이
辣味豬腳

辣味豬腳 約₩40,000起 推薦菜

 江南區驛三路65街31；
서울 강남구 역삼로65길31

桑樹豬腳在江南區是有名的豬腳名店，來到店內的客人皆為在地韓國人居多，為因應晚上或假日眾多的客潮，店家特別在本店一旁另開了二號店，讓大家都能吃到美味豬腳。店家的菜單以豬腳為招牌，分有原味豬腳、辣味豬腳以及綜合豬腳，另有蒸蛋鍋、蕎麥麵以及泡菜鍋(김치찌개)等。

🏠P.138C3 🚇2號線、盆唐線宣陵站1號出口徒步約6分
📞02-558-9279 🕐12:30~22:30(休息時間14:00~16:00)
🈵週一

At Bali/에이비카페
拿鐵

拿鐵 ₩7,000起 推薦菜

🏠 江南區江南大路102街32；
서울 강남구 강남대로102길 32

這家「AB Coffee」咖啡廳位於江南鬧區，內部裝潢是走度假休閒風，藤製的桌椅與充滿南洋風情的布置，讓人感到十分舒適，整棟咖啡廳總共有三層樓，一頭為採取挑高式設計，整體寬敞舒適，令人非常放鬆，二三樓有不同的座位數較多，適合三五好友在此停留休息。帶著一本書或筆電，點上一杯好咖啡，盡情享受都市中的休閒。

🏠P.138B3 🚇9號線新論峴站6號出口徒步約10分 📞
02-566-2052 🕐9:00~23:00

SHAKE SHACK/쉐이크쉑
平價漢堡

SHACK漢堡 (쉑버거) ₩7,300 推薦菜

🏠 江南區江南大路452；
강남구 강남대로 452

SHAKE SHACK號稱美國最好吃的平價漢堡品牌，店內裝潢和標示等由全球頂級設計師Paula Scher設計，店內所使用的食材，牛肉、有機生菜、冰淇淋和牛奶皆是「綠色食品商標」。

🏠P.138B3 🚇2號線江南站11號出口徒步約15分 📞02-553-5576 🕐11:00~23:00(最後點餐時間為22:30)

ROLLING PIN/롤링핀베이커리
早午餐

麵包 ₩3,500起 推薦菜

🏠 江南區德黑蘭路78街16；
강남구테헤란로78길 16

ROLLING PIN的麵包從簡約到華麗的皆有，還有看起來非常美味的甜點，挑選好的麵包和甜點結帳後，店員會將麵包切好擺盤。

🏠P.138B3 🚇2號線宣陵站1號出口徒步5分 📞0507-1421-1124 🕐週一~五7:30~21:30、週六~日8:30~21:00

Hanmiog/한미옥

韓牛九節坂

 江南區奉恩寺路319；서울 강남구 봉은사로 319

「Hanmiog(한미옥)」是一處將韓國傳統宮廷再升級的人氣餐廳。九節坂 (구절판) 是古代是韓國宮廷料理中的前菜,原先是將、蛋黃絲、紅蘿蔔絲、石耳絲、青瓜絲、豆芽、蘑菇絲等食材用薄餅包起後食用,Hanmiog改以結合鐵板韓牛烤肉將美味升級,尤其將蛋液利用噴槍加熱,更添香氣。

📍P.138B2 🚇9號宣靖陵站1號出口徒步約5分 ☎0507-1330-4622 🕙11:00~22:00(平日休息時間14:30~17:00)

魔女廚房/마녀주방

創意料理

 江南區江南大路94街9；강남구 강남대로94길 9

店內以小燈泡做光源,營造出神秘的用餐氣氛,香辣泡菜炒飯上的骷髏頭造型荷包蛋,還有設計成點滴的飲料,都讓這頓餐充滿魔幻魅力。

📍P.138B3 🚇2號線江南站11號出口徒步約10分 ☎070-4240-1116 🕙週一~六12:00~22:30(點餐至21:30)、週日12:00~22:00(點餐至21:00),休息時間15:30~17:00

Bo Reum Soei/보름쇠

美味韓牛

 江南區三星洞155-5；강남구 삼성동 155-5

首爾米其林一星的燒烤餐廳Bo Reum Soei,以新鮮高品質的燒烤黑牛聞名,將自家牧場的新鮮黑牛空運直送至餐廳,並將稀有的牛肉食材鮮切以各部位分類,配合人們不同的飲食需求,品嚐現烤現吃、最高規格的黑牛款待。

📍P.138C2 🚇2號線三成站5號出口徒步10分 ☎02-569-9967 🕙11:00~22:00

Treeanon/트리아농

英式下午茶

英式下午茶
一人份
₩25,000起
推薦菜

🏠 首爾市江南區鶴洞路59街43；
서울 강남구 학동로59길 43

「Treeanon」位於引領首爾時尚潮流的清潭洞地段，從外觀裝潢到甜點處處顯露著低調奢華的高級感，店內主打英式下午茶，用三層點心瓷盤裝盛，自下而上，第一層放鹹點三明治與可頌等、第二層放傳統英式點心司康，最後第三層則放蛋糕及水果塔，半戶外區的座位區因照明充足，讓人有置身在歐洲旅遊的感覺，咖啡廳的打卡景點。英式茶飲與豐盛點心的下午茶須兩人以上才能享用，建議提早預約。

📍P.138C1 🚇7號線江南市廳站4號出口徒步約15分 ☎0507-1496-5955 🕐9:00~21:00

The Timber House

韓屋酒吧

調酒
₩19,000起
推薦菜

🏠 江南區德黑蘭路606 Park Hyatt Seoul B1F；
강남구 테헤란로606 Park Hyatt Seoul B1F

以傳統韓屋為原型設計，大量運用韓紙、韓瓦、鎖頭與舊瓦缸，3座吧台以韓屋不同部分的木材為基調建造，由桐木箱扉與庫門拼貼而成的雞尾酒吧前，還有得獎調酒師親手調製美味調酒。

📍P.138C2 🚇2號線三成站1、2號出口即達 ☎02-2016-1291 🕐18:00~2:00，爵士樂表演週一~六20:30~1:00

教大烤腸/교대곱창

人氣烤腸店

綜合烤腸540g
(모듬구이)
₩52,000
推薦菜

🏠 瑞草區瑞草中央路79；서초구 서초중앙로 79

店內供應的綜合烤腸包含大腸、小腸、牛胃和牛心，加上洋蔥、杏鮑菇、及馬鈴薯，最後以炒飯作結，保證滿足。

📍P.138A3 🚇2、3號線教大站8號出口徒步約5分 ☎02-3474-9167 🕐11:30~05:00

住宿選擇

H 將江南作為住宿也是不錯的選擇，四通八達的交通路線能充份滿足旅遊行程

首爾卡布奇諾飯店
Hotel Cappuccino Seoul /
호텔 카푸치노

設計飯店

🏠 江南區奉恩寺路155；
강남구 봉은사로 155

飯店主旨是將設計質感帶入生活中，分為18層樓裡有141間房間、7種不同房型，其中有在8樓為女性顧客特別設計的女性樓層，、為狗狗與主人設計的「Bark Room」，以及為背包客設計的四人房。

🚇P.138B2　🚇9號線彥州站1號出口徒步約3分　☎02-2038-9500

🌐www.hotelcappuccino.co.kr

INTERCONTINENTAL SEOUL COEX

連鎖飯店

🏠 江南區奉恩寺路524；
강남구 봉은사로524

INTERCONTINENTAL是國際知名的連鎖飯店，江南這家屬於COEX綜合中心裡的一部分，豪華舒適，設備先進。

🚇P.138C2　🚇2號線三成站5號出口徒步約1分　☎02-3452-2500

Hotel Foreheal

舒適飯店

🏠 江南區鶴洞路117；
강남구 학동로 117

在對美的追求就展現在私密空間的設計中，簡明的設計下也帶著對旅人的貼心巧思——床鋪可以上下前後調整高度和斜度，讓人坐臥看書或電視更方便；浴缸皆附有Jacuzzi的功能，讓旅人更易緩解旅途疲憊。

🚇P.138B2　🚇7號線論峴站8號出口徒步約1分　☎02-511-8810　🌐www.foreheal.com

樹林林立的街道邊盡是時尚名店，街上三兩步就能看見美女，漫步其間彷彿置身香榭麗舍大道般高雅

가로수길
Garosu gil Road

新沙洞林蔭道

充滿現代與流行感的新沙，是喜歡購物的人一個好去處，逛累了也有不少氣氛、設計感俱佳的餐廳和咖啡館可選擇。

造訪新沙洞林蔭道理由

1 IG打卡美食、特色咖啡廳都在這裡

2 本土品牌、服飾小店多，小巷內也有大驚奇

3 秋天必遊！金黃銀杏樹感受浪漫氣氛

MAP P.146

新沙洞林蔭道
가로수길／GAROSUGIL

　説到首爾的流行指標，漢江以北是明洞，以南就是年輕新潮的新沙洞林蔭道；這條有「首爾表參道」之稱的街道不過5、600公尺，但兩旁林木成蔭，一間間設計師或國際精品店毗連而立，漫步其間彷彿置身法國的香榭麗舍大道般時尚、高雅。街上除了聚集設計感強烈、流行元素滿點的服飾店，更有多間風格獨具的餐廳、咖啡廳，每逢秋季，金黃色的銀杏更為大道妝點浪漫氣氛，不時可以看見人們坐在咖啡廳露天座位上，享用一份早午餐或下午茶，感受自在悠閒的時光。

至少預留時間
林蔭道逛街：
3小時
找間咖啡店休息：
2小時

3號線【新沙站】8號出口

Do You KnoW

林蔭道又有橫向道的意思，那麼也有縱向道嗎？

林蔭道的韓文為「가로수 길」(ka-ro-su-kil)，가로(ka-ro)在韓文中也有橫巷的意思，因此沿著林蔭道周圍的縱向小巷也被稱作為세로수 길(se-ro-su-kil)也就是縱向路。本來商店主要都是集中在林蔭道，但隨著林蔭道的蓬勃發展，店租水漲船高，許多個人小店跟美食餐廳就逐漸搬遷到縱向的小巷中。

特色咖啡店必訪

在林蔭道有許多特色咖啡店，可以找一間自己喜愛風格的咖啡店，逛到累了可以休息一下喔！

周圍小巷千萬別錯過

林蔭道大街主要都是些品牌連鎖店，許多美食與個人設計小店都隱身在周圍的小巷子內，許多特色小店都等著大家去挖掘。

在林蔭道範圍有許多非連鎖的咖啡館，喜歡探索不同的咖啡品味的你決不能錯過林蔭道的棟棟時髦咖啡館。

狎鷗亭・清潭洞

若是體力足夠還可以沿路逛到狎鷗亭洞，欣賞江南設計建築，這一區被稱作是韓國的貴婦商圈，聚集許多精品百貨公司跟許多高檔的美容院。

 有此一說～

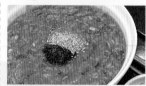

消除手術浮腫的秘方

到林蔭道玩，若是搭乘地鐵一出新沙站，一定會看到許多整形醫院廣告，在韓國因為注重儀容外表，所以整形非常普遍，若是在街上看見纏著繃帶的人不用大驚小怪。在韓國大家對於這樣的景象可能已經習以為常，剛整形後身體浮腫，韓國人通常會喝南瓜粥來消腫，聽說這是韓國人都知道的小常識。

「裏林蔭道」的小巷、岔路也備受矚目，來這散步、拍照都好玩！

走在林蔭道的主要街道，會發現高質感精品店，一件件獨特且充滿個性的好物都令人愛不釋手。

新沙洞林蔭道

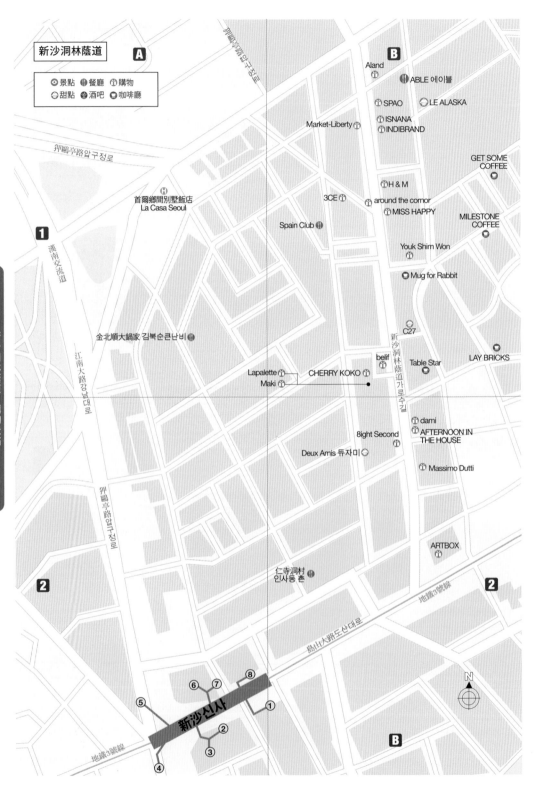

新沙洞林蔭道 **A**

- ◎ 景點　⋔ 餐廳　⋔ 購物
- ◎ 甜點　⦿ 酒吧　◎ 咖啡廳

B

Aland

ABLE 에이블

SPAO　　LE ALASKA

Market-Liberty　ISNANA
INDIBRAND

GET SOME
COFFEE

H & M

3CE　around the cornor

首爾鄉間別墅飯店
La Casa Seoul

MISS HAPPY

MILESTONE
COFFEE

Spain Club

Youk Shim Won

1

漢南交流道

Mug for Rabbit

C27

金北順大鍋家 김북순큰큰난비

belif

Table Star

LAY BRICKS

江南大路강남대로

Lapalette
Maki

CHERRY KOKO

新沙洞林蔭道가로수길

dami
AFTERNOON IN
THE HOUSE

8ight Second

Deux Amis 듀자미

Massimo Dutti

狎鷗亭路압구정로

新沙洞林蔭道：購物景點

ARTBOX

仁寺洞村
인사동 촌

2

地鐵3號線

2

島山大路도산대로

B

⑥　⑦
⑧

⑤

新沙신사

①

②

③

④

N

地鐵3號線

146

走在流行尖端的新沙洞能找到獨特及質感兼具的服飾，有哪些好逛又好買的小店呢？

現在是簡約風格服飾當道。

 INDIBRAND
MAP P.146 B2　韓國當地品牌

如何前往

3號線新沙站8號出口徒步10分

info

📍江南區狎鷗亭路12街23；강남구압구정로12길 23 🕐10:00~22:00 💲約₩20,000起

　　INDIBRAND主要提供簡約風格的服飾，款式每逢幾週就會更新，身受韓國女性的歡迎，而受歡迎的原因之一也是因為價格平實，在新沙、明洞、新村等地都有分店。

 **CHERRYKOKO**
MAP P.146 B1

如何前往

3號線新沙站8號出口徒步約8分

info

📍江南區林蔭道31-3 2F；서울 강남구 가로수길31-3 2F ☎02-545-7255 🕐11:00~21:30 💲洋裝約₩20,000起 🌐www.cherrykoko.com

　　CHERRYKOKO隱身在一幢兩層樓建築的2樓，由網路購物品牌起家的CHERRYKOKO，因品質優良且具獨特性，而受到女生們的喜愛，在台灣也時常有團購熱潮。其品牌屬於中上價位，但剪裁合身與獨具一格的設計，不易與人撞衫，各式服飾、洋裝、鞋款、墨鏡、髮圈、首飾等，皆可在店內找到。

 Market-Liberty
MAP P.146 B1　服飾配件最多

如何前往

3號線新沙站8號出口徒步約15分

info

📍江南區狎鷗亭路12街14；강남구 압구정로12길 14 ☎02-3445-4600 🕐11:00~22:00

　　提供適合各年齡層的正韓版女裝，與其他同條街上的女裝店不同之處，這裡的飾品和配件選擇特別多，從各式耳環、項鍊，到太陽或造型眼鏡、帽子、包包、鞋子樣樣新潮時髦。

逛完一圈林蔭道後，一定要鑽到小巷裡走走。周邊特色咖啡館很多，可以小憩一下

Table Star／테이블스타
義式料理

蛤蠣義大利麵
(봉골레)
₩20,900
推薦菜

🏠 江南區論峴路153街62；
강남구 논현로153길 62

曾吸引金宇彬、張根碩和宋仲基各家明星的義式料理餐廳，店內高帥又有型的店員更是亮點之一，不過可別以為食物就不是重點，這裡的餐點也極具水準。

📍P.146B1　🚇3號線新沙站8號出口徒步約8分　📞02-544-3706　🕐11:30~22:30

TELLERS 9.5／텔러스 9.5
啤酒

啤酒
₩7,500起
推薦菜

🏠 江南區島山大路153；서울 강남구 도산대로 153

說到首爾的「江南區」，大多都會聯想到富麗堂皇的高樓大廈跟來往不停的車流，因此江南區的夜景也是以絢麗的市區燈景而聞名。「TELLERS 9.5(텔러스 9.5)」是位在新沙林蔭大道上的夜景酒吧，位於「Anteroom Seoul Hotel」19樓的空間不大，卻是能將江南區的夜景盡收眼底，尤其是半戶外區的座位十分搶手。半戶外區的座位多是兩人的情人雅座，如需多人座位可以現場調整。

📍P.138B2　🚇3號線新沙站8號出口徒步約15分　📞02-542-2395　🕐週一、二12:00~22:30，週三~日10:00~22:30

Deux Amis／듀자미
雲朵蛋糕

雲朵蛋糕
₩8,000
推薦菜

🏠 江南區島山大路11街28；서울 강남구 도산대로11길28

位在林蔭大道旁的美食街上的Deux Amis，不論中午下午或傍晚都是絡繹不絕的人龍，甜蜜又精美的法式甜點，總能深深吸引住路人的目光。店內各個精緻蛋糕令人目不轉睛，雲朵蛋糕、草莓起司、千層派、蒙布朗，以及點綴著小巧馬卡龍的小而美店面也不減人氣。

📍P.146B2　🚇3號線新沙站8號出口徒步10分　📞02-3443-0030　🕐12:00~21:30

金北順大鍋家／김북순큰냄비
傳統泡菜鍋

豬頸肉泡菜鍋
₩8,000
推薦菜

🏠 江南區狎鷗亭路2街15；강남구 압구정로2길15

隱藏在新沙巷弄內的金北順大鍋家，是韓星最喜愛的傳統泡菜鍋，店內皆提供一人份起的鍋物，招牌豬頸肉泡菜鍋內滿滿的豬頸肉，口感入味充滿嚼勁。

📍P.146A1　🚇3號線新沙站8號出口徒步10分　📞02-543-9024　🕐週一~五10:30~22:30，週六10:30~21:30　㊡週日

LE ALASKA

人氣麵包店

蘋果派 ₩4,800 推薦菜

🏠 江南區狎鷗亭路14街15；
강남구 압구정로14길15

座落在林蔭大道住宅區巷弄內的LE ALASKA，一開門就吸引眾多客人，店內提供許多麵包和甜點，最有人氣的是可頌和蘋果派，可頌蓬鬆柔軟、蘋果派香甜可口。

📍P.146B1　🚇3號線新沙站8號出口徒步10分　📞02-546-5872　🕐9:00~22:30

C27

起司蛋糕

起司蛋糕 ₩8,800 推薦菜

🏠 江南區島山大路15街39；서울 강남구 도산대로15길39

C27可説是的林蔭大道的超級名店！不容小覷的室內裝潢，每層樓都充滿小巧思，3樓的迷你摩天輪更是網紅最愛的拍照點。而C27之所以會叫做C27，就是因為有27種起司蛋糕，蛋糕櫃內玲瑯滿目的蛋糕讓人每個都想嚐嚐。

📍P.146B1　🚇3號線新沙站8號出口徒步10分　📞02-544-1527　🕐10:00~22:00(L.O.21:00)

Spain club/스페인클럽

餐館

主餐約 ₩14,500起 推薦菜

🏠 江南區狎鷗亭路10街26；서울 강남구 압구정로10길26

位於巷弄內的Spain club，鮮豔的黃色外觀加上閣樓小窗台的設計，讓人彷如置身於熱情的西班牙。店內現切火腿的桌邊服務是特色之一，必點有裝著滿滿鮮蛤、鮮蝦等海鮮的西班牙燉飯Paella de Mixta(믹스타빠에야)，或是蒜香鮮蝦鍋(마늘새우냄비요리)，嘗得到鮮蝦的Q彈，麵包沾上醬汁入口是滿滿的蒜香與香料味，令人回味無窮。

📍P.146B1　🚇3號線新沙站8號出口徒步約12分　📞0507-1496-1191　🕐12:00~22:00，週六12:00~23:00、週日12:00~22:00(平日休息時間15:00~17:30)

狎鷗亭·清潭洞

走進狎鷗亭，不論是建築外觀、櫥窗設計，或是販售商品、行人衣著，都顯得高雅、新潮且流行；走進小巷內，可以看到更多充滿時尚感的精品店、咖啡館與餐廳。

◎從新沙站直接搭乘3號線，往大化方向在下一站狎鷗亭站下車。
◎狎鷗亭站6號出口出站，可至現代百貨；腳力夠的話可以一路散步到盆唐線狎鷗亭羅德奧站。

◉ 韓流明星街
K-STAR ROAD

info

⊙江南區狎鷗亭路；강남구 압구정로

自狎鷗亭羅德奧站2號出口即達的「K-Star Road」以K-POP韓樂明星為主，是首爾為向世界各地遊客介紹及宣傳江南地區所設計的街道。明星街自地鐵站旁的Galleria百貨為起始點，再經過SM娛樂公司，全長約1公里。

明星街上的彩繪小熊公仔代表著不同的韓樂團體。

狎鷗亭

GangnamDol Haus 강남돌하우스

Design SKIN 디자인스킨 압구정점
Tea Therapy
Hansa Toy 한사토이
Café Mooni 카페무니 압구정본점
Kwon Sook Soo 권숙수
MOON JAR
Dalmatian Dosan 달마시안
Kasina
三元花園餐廳 삼원가든 본점
Coreana化妝博物館
島山公園 도산공원
Null
愛馬仕之家 Maison Hermes
24 Seasons 이십사절기
Dssent 디센트

THE MIN'S 더민스
Galleria 百貨西館
boy.+by Supermarket
刀五花肉 행복추풍령칼삼겹살
風月堂 풍월당
Jien's
LIBERTY
Café footloose
清潭嫩豆腐湯 청담순두부
湖林博物館(新沙分館) 호림박물관 신사분관
韓宇利餐廳 한우리

清潭高中
清潭中學
首爾清潭小學

⑦ ①
Galleria百貨東館 ②
⑥ 狎 ③ 韓流明星街K-Star ROAD
韓國陶瓷 한국도자기
⑤ ④
Jungsik 정식당
Figure Museum W 피규어뮤지엄w
清潭洞時尚街 청담동 패션거리
Biker Starlet
Namuby Namuhana
狎鷗亭羅德奧時裝街 압구정로데오거리
島山大路 도산대로

◎ 景點　⑪ 餐廳　⑪ 購物　⑪ 百貨
◎ 咖啡廳　⑪ 博物館　⑪ 酒吧　⑪ 公園

新沙洞林蔭道::串聯行程

狎鷗亭羅德奧站G+ Star Zone

在狎鷗亭羅德奧站內有專屬的韓流明星區！這裡是是能與韓流明星零距離、又能和韓流明星一起幫助青少年展望希望、夢想、未來的韓國首屆地鐵站捐贈計畫，展示主題會不定期更換。

☕ Café Mooni
무니 압구정본점

info

🏠江南區狎鷗亭路56街16；서울 강남구 압구정로 56길 16　☎010-9340-4466　🕐9:00~23:00　💲美式咖啡₩7,500、芒果飲品₩10,000起

　　韓國咖啡廳競爭激烈，可以說是每走三步就能看到咖啡廳也不為過，不過要能成為網紅咖啡廳，每一家都必有各自的風格與特色。在咖啡廳一級戰區的狎鷗亭中，「Café Mooni」以絕美的歐洲建築完勝附近咖啡廳，白色色系的裝潢中擺飾、傢具，打造出一個充滿質感的歐式空間。

門口的道路是拍照的經典之一，加上天氣晴朗就能讓整體很有氣氛。

👆 有此一說～

偶像偶像我愛你，一定要參加的應援活動

韓國的追星文化自90年代盛行至今，在網路有官方網站、不同的粉絲專頁、Cafe後援會等；除了演唱會當天有販售官方週邊，在場外各處的後援會為了支持喜愛的歌手，而花錢製作各式應援小物，追星運動勢力無法擋！

餐點頗具質水準，以早午餐為主，另外也有甜點、咖啡茶飲與調酒。

🍴 Dalmatian Dosan
달마시안

info

🏠江南區狎鷗亭路42街42；서울 강남구 압구정로 42길 42　☎0507-1491-0926　🕐9:00~22:00(休息時間17:00~18:00)　💲早午餐套餐₩12,000起、每日湯品₩9,000起

　　位於狎鷗亭的「Dalmatian Dosan」，因典雅的歐風庭院，成為韓國橫掃IG網美打卡景點。進入餐廳區域後，先是穿過石造拱門，宛如漫步法國花園中，餐廳分成室內區與室外區，室外空間巧妙運用格局擺放噴水池，唯美設計用餐空間，不管什麼角度都能拍下人生美照。

新沙洞林蔭道：串聯行程

韓國最高的摩天大樓，登上123層樓遠眺最美的首爾城市景色，串聯附近的樂天百貨更好玩！

樂天世界塔

造訪樂天世界塔理由

① 創下三大金氏世界紀錄的摩天大樓

② 世界第三大觀景台

③ 118樓透明地板俯瞰整個大首爾

MAP
P.154

樂天世界塔
롯데월드 타워／
Lotte World Tower

　於2017年4月開幕的樂天世界塔，由韓國樂天集團投資興建，是韓國最高、世界第六高的摩天大樓。外觀狀似子彈，高556公尺，為世界第6高建築，共計123層樓，其中1~6樓將做為百貨商場之用，86~119樓為樂天酒店，其餘則打造成辦公區、住宅區和公共觀光區，並提供世界最高的觀景台，能夠360度一覽首爾市景，天氣好時更能看到仁川海岸，透明地板觀景台更是一大看點。

樂天世界塔小檔案
開幕日期：2017年4月3日
樓層數：地上123層、地下6層
高度：555公尺
設計者：次世代樂天世界

Do YOU KnoW

樂天世界塔的小秘密

樂天世界塔起建於2011年,花費7年時間終於完工,成為首爾最高大廈,在辦公地區裡成為最矚目的建築,你知道樂天世界塔的外觀是發想自什麼嗎?由下而上漸漸變窄的曲線設計,是將結合韓國傳統陶瓷及毛筆意象,內部融合傳統韓屋屋簷,將現代科技感與傳統成功融合。

有此一說~

©韓國觀光公社

樂天世界塔有世界三大?

樂天世界塔於2017年開幕,為最近韓國最熱門的景點,其中有必看的世界三大:世界最高透明地板觀景台、世界最快雙層電梯,以及世界電梯最長輸送距離,有時間的話不妨去體驗一下!

©SIGNIEL SEOUL

從石村湖公園可以輕鬆拍攝到樂天塔大樓全景。

©SIGNIEL SEOUL

高有555公尺的樂天世界塔,是目前韓國最高大廈,也是世界排名第6高的建築物。

至少預留時間
樂天世界塔遊玩:
2小時
蠶室樂天世界+百貨公司購物:
2~3小時

2、8號線【蠶室站】1、2號出口

Sky31免費觀景台

Sky Food Avenue是位於31樓的美食街,採用全玻璃透明落地窗,在這裡用餐或喝咖啡,真是人生一大享受,美食街餐點平價並無強制低消費,採換取通行證免費上樓制,通行證在樂天世界大廈東門一樓服務台即可換取。

樂天百貨樂天超市

在樂天購物中心內不僅有免稅店,還有熱門平價樂天超市、樂天電子商城Hi Mart、影城跟水族館,精品百貨零食生活用品從高價至平價都可一次在此購足。

蠶室地下街

蠶室地下街是逛街好去處,為首爾五大地下街之一,與地鐵蠶室站連結,喜愛購物的讀者千萬不能錯過,地下街約有140間商家,物品價格便宜,韓式服飾、鞋子、包包、飾品應有盡有,在這裡很難空手而歸。

參觀重點

在高555公尺的樂天世界塔有哪些好玩設施，一起踏上全首爾最高樓，俯瞰最美麗的景色

樂天世界塔／Lotte World Tower

總高555公尺、共有123層樓的樂天世界塔，是全韓國最高摩天大樓，內部的2~11樓為樂天世界百貨(Lotte World Mall)，進駐約1,000間店家及餐廳，除了123樓的展覽台，也有飯店、美術館、水族館等設施，滿足一天行程的食購遊。

HOTEL SIGNIEL SEOUL

享有五星級飯店服務外，從首爾第一高樓望去也是五星級美景。235間客房能一望城市絕景，飯店內餐廳更能享用米其林星級主廚監製的美食，在酒吧裡度過絕讚的時光。

76F~101F

位在79樓的Lounge能欣賞首爾最美的夜景。

還特別打造了傳統韓屋造型的房間，古典又浪漫。

樂天世界塔：參觀重點

SEOUL SKY

117F~123F

©SEOUL SKY

🕐週日~四10:30~22:00，週五~六10:30~23:00 (9:50開始售票) 💲13歲以上₩29,000，13歲以下~36個月以上₩25,000，快速通行證₩50,000 🌐seoulsky.lotteworld.com ❗可以先至官網預訂票券

從B1F的售票處搭乘電梯「Sky Shuttle」，10秒就能抵達最高層！從離地面500公尺的超高展望台，360度瞭望首爾市中心，位在120樓有空中餐廳「Sky Terrace」、餐廳和咖啡廳等設施。

LOTTE MUSEUM OF ART

🕐10:30~19:00 💲19歲以上₩19,000，13~18歲₩13,000，4~12歲₩9,000 🌐www.lottemuseum.com/en

7F

約400坪的大規模空間內展出國際級藝術家，或是提供新銳現代美術作家一個展覽空間。

🔊

到高級的空中Terrace品嚐美食～
邊吃美食邊登高看美景，只能在Sky Food Avenue體驗！位於樂天世界塔31樓的美食街，採用全玻璃透明落地窗，用餐成為人生一大享受。想要體驗31層的美食饗宴，記得先到東門一樓櫃台換取免費通行證。

◎換證STEP BY STEP

先到位在東門的一樓櫃台。 → 在櫃台登記資料換取免費通行證。 → 嗶卡過閘門，即可搭電梯前往31樓。 → 下樓後記得歸還通行證！

超大型的水族箱重現千奇百怪的海底世界。

LOTTE WORLD AQUARIUM

🕐10:00~22:00 💲成人₩35,000，12歲~36個月₩29,000

B1F~B2F

水族館先以韓國河川開始作介紹，館內引進650種，超過5萬隻海洋生物，分有13種海洋主題，在巨大的水族槽中可以觀覽變化多端的海底世界。

順遊景點

在樂天塔旁還有哪些景點可以玩呢？有最大的購物區樂天世界，或是再往遠一點走入更在地

樂天世界塔：順遊景點

樂天世界
롯데월드
MAP P.157

如何前往

2、8號線蠶室站4號出口徒步約3分

info

松坡區奧林匹克路240；송파구 올림픽로240

www.lotteworld.com

蠶室站的周邊可說是廣義的樂天世界的範圍，在這一大片的區域，有遊樂場、有百貨公司、購物中心、免稅店、星光大道、民俗博物館，還有飯店，可說將所有娛樂休閒一網打盡。

遊樂園的旋轉木馬和溜冰場是韓劇《天國的階梯》經典場景。

遊樂園區分為室內的「探險世界」和蓋在室外湖面上的「魔幻島」。

樂天世界民俗博物館展示韓國近5,000年的歷史和傳統文化。

孤獨樹是奧林匹克公園最著名景點之一，吸引許多婚紗攝影和廣告在此拍攝。

野花坡上種植整片的波斯菊，藍天和波斯菊是最棒的拍照地點。

奧林匹克公園
올림픽공원
MAP P.157

如何前往

5號線奧林匹克公園站3號出口出站即達

info

松坡區奧林匹克路424；송파구 올림픽로424　和平廣場旅客服務中心02-410-1111、會面廣場旅客服務中心02-410-1112　www.olympicpark.co.kr

奧林匹克公園是因為1988年首爾奧運而建，擁有休憩、體育、文化藝術、歷史和教育等空間的多用途公園，首爾最大的綠地公園之一，也是韓國最早的運動殿堂。

蠶室

江大東路
JYP Entertainment
通村洞

漢江市民公園
樂天世界大廈
Lotte World Tower
롯데월드 타워
城內
新川洞
夢村土城
奧林匹克公園올림픽공원
奧林匹克公園

新川
蠶室
石村湖水公園
석촌호수공원
Seoulism
芳夷洞

樂天世界
롯데월드
梧琴路

蠶室洞
百濟古墳路
石村湖
石村
松坡洞
芳夷

松坡區
梧琴

三學路
開籠

三田洞

松坡
可樂洞
警察病院

大廳
可樂市場
가락동 농수축산물시장
可樂市場

逸院洞
水西洞
水西
文井

N

在石村湖公園可以輕鬆拍攝到樂天塔大樓全景。

MAP P.157 **樂天百貨 蠶室店**
롯데백화점 잠실점

如何前往

2、8號線蠶室站3號出口徒步約1分

info

🏠 樂天世界內　☎ 02-411-2500 ⊙

10:00~21:00 ㊡每

月一天(不固定)

　　樂天百貨蠶室
店可以買到國際
品牌精品，也能
看到目前當紅的
韓國品牌服飾和
商品；另外還有餐
廳、咖啡館和免稅店，並提供兒童遊戲
區，小孩們可以在這裡玩樂。

☞**有此一說～**

韓國廁所馬桶蓋為何總是蓋著
常常進入韓國公共廁所都看到馬桶蓋蓋著，對於台
灣人來說都會下意識認為裡面可能有黃金，但對於
韓國人來說，大小便後將馬桶蓋蓋著，再沖水是一
項衛生常識，因為在沖水時馬桶裡含菌氣體會大量
往上讓人吸入體內。

MAP P.157 **石村湖水公園**
석촌호수공원

如何前往

2、8號線蠶室站2、3號出口徒步約6分

info

🏠松坡區三學士路136；송파구 삼학사로 136

☎02-2147-2109 ⊙6:00~22:00 💲免費

　　石村湖原本是漢江支流，因為漢江
填補工程，水流被截斷後變成了湖泊，
可分為東湖和西湖，東湖是公園，西湖
是樂天世界。湖水旁，沿著公園種滿櫻
花，春天櫻花盛開時會舉辦賞櫻慶典活
動，為著名的賞花聖地。

首爾主義
MAP P.157
Seoulism / 서울리즘

如何前往

8號線石村站2號出口步行約10分

info

⊙松坡區百濟古墳路435；송파구 백제고분로 435 ●13:00~23:00(L.O.22:30)(咖啡廳營業至17:50，18:00之後改為Bar) ⓧ週一

位在蠶室附近的咖啡廳「首爾主義Seoulism」，離地鐵站稍有距離，先在一樓店面點好飲料再端著盤子坐上電梯上到最頂樓，近在眼前的樂天塔配上白雲藍天，讓人暫時忘卻身處在城市的喧囂中。

坐落在住商大廈裡的店面很容易錯過，注意看招牌！

頂樓觀景台後方是攝影棚，巧遇新人拍照中。

可樂市場
MAP P.157
가락동 농수축산물시장

如何前往

3、8號線可樂市場站1號出口，直行徒步約30公尺右手邊即可看見南門入口

info

⊙松坡區良才大路932；송파구 양재대로932 ☎02-408-7001~2 ●蔬果、水產類24小時，畜產類4:00~22:00 ⓧ週日及例假日

全韓國規模最大的果菜批發市場，1986年擴增畜產市場，1988年又增加其他商品，腹地闊達16萬4千多坪。除了新鮮蔬果，不能錯過的還有最多種類的新鮮海鮮，最鮮的生魚片就在這裡吃。

周場加映

離開首爾的周邊小旅行

善用首爾市區四通八達的交通工具輕鬆暢遊郊區景點，仁川有中華街、刺激的月尾島樂園；離首爾約一小時車程的京畿道感受不同於都市的韓國風情；前往有著豐富自然資源的江原道，便利交通讓韓國的鄉間風情也近在咫尺。

仁川
港口城市「仁川」，展現新都市樣貌的松島中央公園、中華街，和以文化藝術與表演遊樂受到矚目的月尾島都是必訪景點。

坡州
「坡州」位在首爾北邊，知名景點板門店即位在坡州市內，除了好山好水，還有許多特色異國風情的美景。

水原
位於首爾南方的典雅城市「水原」，其中最著名即是水原華城，城牆與民居共存，形成獨特的美麗市容。

江陵
夏季是到「江陵」最棒的遊玩季節，必嚐由海水製成的美味豆腐、海邊咖啡廳，最享受的避暑聖地。

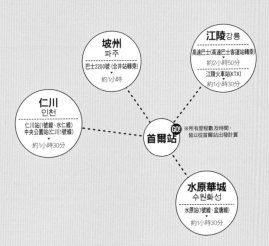

坡州 파주
巴士2200號 (合井站轉乘)
約1小時

江陵 강릉
高速巴士 (高速巴士客運站轉乘)
約2小時50分
江陵火車站 (KTX)
約1小時30分

仁川 인천
仁川站 (1號線、水仁線)
中央公園站 (仁川1號線)
約1小時30分

首爾站 GO!
※所有里程數及時間，皆以從首爾站出發計算

水原華城 수원화선
水原站 (1號線、盆唐線)
約1小時30分

159

從首爾出發約90分鐘，瘋玩遊樂園、購物血拼都好玩

同場加映：離開首爾的周邊小旅行

\推薦1/

距離首爾

約40公里

地鐵

約70~90分鐘

MAP
P.161

仁川廣域市
仁川
인천／Incheon

如何前往

Ⓐ 往松島中央公園：搭乘仁川1號線，至中央公園站、仁川大學站下車徒步可達。首爾站→中央公園站、仁川大學站單程₩1,950，約90分。

Ⓑ 往中華街：搭乘仁川1號線、水仁線，到仁川站下車1號出口出站，對面就是顯眼的紅色中華街大門。首爾站→仁川站單程₩1,850，約75分。

Ⓒ 往月尾島：搭乘仁川1號線、水仁線，到仁川站下車1號出口左邊的公車站，搭乘公車2、23、10、45號，約5分(45號約10分)後在終點月尾島站下車，往前走至路口就會看到月尾島My Land。仁川站→月尾島巴士站單程₩1,250，約20分。

新興都市中央公園是韓綜《超人回來了》三胞胎的家，也是《太陽的後裔》、《又是吳海英》、《W兩個世界》等韓劇的拍攝場景。

仁川是個港口城市，從古時候開始就與中國等鄰近各國有密切的貿易關係。1883年隨著清朝領事館在仁川成立，華人激增，逐漸發展出華人社區，中國餐館也慢慢增多，成為了現在知名的仁川中華街；與中華街僅10分鐘車程的月尾島，因作為文化藝術與表演遊樂的場地而開始受到矚目，咖啡館、海鮮餐廳等日漸增多。寬闊道路、高聳大樓和綠色公園，呈現松島這美麗新都市的面貌，由海岸旁打造而成的街道之間，有許多知名景點等著你來探訪。

鄰近的松月洞童話村更是新興的超好拍壁畫村。

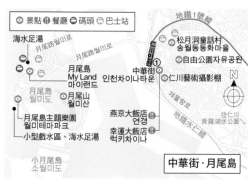

◎景點　⑪餐廳　⊘碼頭　⊜巴士站

海水足湯

月尾路 월미로

月尾路 월미로

仁川인천

松月洞童話村
송월동동화마을

自由公園自由公園

中華街
인천차이나타운

仁川藝術攝影棚

月尾島
My Land
마이랜드

月尾島
월미도

月尾山
월미산

제물량로

往仁川 青蘿湖水公園→

地藏水仁線

燕京大飯店
연경

월미테마파크

月尾島主題樂園
월미테마파크

幸運大飯店
럭키차이나

小型戲水區、海水足湯

小月尾島
소월미도

中華街・月尾島

◎景點　⑪餐廳
⊛飯店　⊝甜點
Ⓗ飯店　⑪百貨　⊜購物
☕咖啡廳

NC CUBE CANAL
WALK NC
큐브 커넬워크

● WINTER겨울

● AUTUMN
가을

● SUMMER
여름

● SPRING봄

G-Tower g
타워

三胞胎
之家

玉樓夢 松島
CANAL WALK店
옥루몽 송도커넬워크점

Tri-bowl
트라이볼

梅花鹿農場
사슴농장

TERO豬排 松島
CANAL WALK店
테루 송도커넬워크점

中央公園
송도센트
럴공원

兔子島
토끼섬

dal.komm COFFEE
송도중앙공원점달콤커피

The Central Park
Hotel Songdo
송도 센트럴파크 호텔

⑪樂天超市 松島店
롯데마트 송도점

⑪樂天複合式購物中心
롯데복합쇼핑몰(預定2019開幕)

松島中央公園

同場加映：離開首爾的周邊小旅行

中央公園站4號出口的碗狀裝置藝術，有「世界」之意的triple和「碗bowl」組合而成的Tri-bowl。

鄰近仁川中華街的仁川藝術攝影棚曾是《鬼怪》拍攝地之一。

1 中央公園／센트럴파크
　　面積達101英畝、利用海水製作水道的韓國第1個海水公園「松島中央公園」，概念來自紐約中央公園，人工水道有水上計程車行駛其間，水道旁有綠地與蘆葦田打造的寬闊散步道路，區分為散步公園、露台庭園、草地園，共5種主題庭園。
◎P.161 ◎仁川1號線中央公園站4號出口即達 ◎仁川市延壽區Technopark路 196；인천시 연수구 테크노파크로 196 ◎24小時；水上計程車10:00～17:00，每30分1班，船程20分 ◎免費，水上計程車全票₩4,000、優待票₩2,000 ◎www.insiseol.or.kr

4號出口出站左轉直行來到橋上，能拍到經典的中央公園美景。

中央公園內有座兔子島，深受歡迎。

梅花鹿農場可以親手餵食小鹿！

百貨分為春夏秋冬區域，河道貫穿購物商場頗有威尼斯風情。

夏季區充滿亞熱帶氣息，進駐多家美妝店及餐廳。

2 NC CUBE CANAL WALK／NC큐브 커넬워크
NC CUBE CANAL WALK由人造運河貫穿，運河兩旁商家和餐廳林立，每區皆有時裝、生活家居、運動用品等商品，可以先在地圖上找好目標再開始逛，逛累了就坐在戶外座位上享受悠閒時光。
◎P.161 ◎仁川1號線中央公園站4號出口徒步約20分 ◎仁川市延壽區藝術中心大路87；인천시 연수구 아트센터대로 87 ◎032-723-6300 ◎4～10月11:00～21:30，11～3月10:30～21:00，週末營業至22:00

③ 中華街／인천차이나타운

這個韓國最大的中華街，是從古時候與中國的貿易往來開始發展，1883年隨著清朝領事館在仁川成立，華人激增而逐漸發展出華人社區，中國餐館漸漸增多，成為現在知名的仁川中華街。

◎P.161 ◎1號線、水仁線仁川站1號出口即達 ⌂仁川市中區中華街路；인천시 중구 차이나타운로

小吃攤也不能錯過！

來中華街絕不能錯過美味的中式料理。

再多玩一些

從中華街底左轉，一路直行就能到達充滿許多可愛公主壁畫的巷弄。松月洞因種有許多松樹，原本又稱為松谷或松山，因為在松林間欣賞的月色非常美麗而得名。本來已沒落的村落，因為彩色壁畫而復活。

繽紛又立體的公主系列可說是少女最愛的一面牆！

愛麗絲夢遊仙境裡撲克牌小兵的座椅好可愛。

④ 仁川藝術攝影棚／인천아트플랫폼

鄰近仁川中華街的仁川藝術攝影棚是韓國人校外教學、情侶必訪的熱門景點，也是電視電影取景熱點，像是戲劇《鬼怪》、電影《愛上變身情人》等都曾在此拍攝。

◎P.161 ◎1號線、水仁線仁川站1號出口徒步約5分 ⌂仁川市中區濟物梁路218街3；인천시 중구 제물량로218번길 3 ☎032-760-1000

小型戲水區有海豚、鱷魚、烏龜等可愛的裝飾設計。

海盜船號稱「地表上最可怕的遊樂設施」。

⑤ 月尾島／월미도

月尾島周長4公尺，距仁川前海1公里，以號稱最高海盜船和趣味整人大轉盤等設施的復古遊樂園、成天飛舞的海鷗、和美麗夕陽廣為人知，海水退潮時有大片沙灘露出水面可以盡情玩水，是仁川和首爾民眾假日休憩的好所在。

◎P.161 ◎仁川站1號出口前搭公車2、23、45號，約10分後於終點月尾島站下車 ⌂仁川市中區月尾路252；인천시 중구 월미로 252 ◎My Land：週一～五10:00~22:00、週六～日和國定假日10:00~1:00；月尾主題樂園：週一～五10:00~22:00、週六～日和國定假日10:00~24:00 ⑤My Land：入場免費；遊樂設施票價₩5,000起；月尾主題樂園：入場免費；遊樂設施票價₩5,000起

同場加映：離開首爾的周邊小旅行

首爾市區出發只要30分鐘，就能在異國風情中悠閒遊逛

Heyri文化藝術村內有間書屋，內部的書牆是最好拍的照點。

推薦2

距離首爾
約30公里

高速巴士
約30分鐘

👁 **MAP P.165**

京畿道
坡州
파주／Paju

如何前往

2號線合井站1號出口出站前方即可看到2200號巴士站牌，車程約30~40分即可抵達坡州市，沿途有各景點的巴士站牌。合井站→坡州各景點單程₩2,400~₩2,700，約30~50分。

自首爾市區只要搭乘半小時巴士車程的京畿道坡州市是近郊旅遊的好去處，坡州除了有知名的普羅旺斯村、Heyri藝術村、坡州Outlet等，集結超過200間韓國出版社的坡州出版都市，優美的環境吸引多部韓劇前來取景。鄰近Heyri文化藝術村的坡州英語村也是來到坡州必訪的景點之一，英語村裡的建築皆以歐風設計為主，充滿異國情調的環境，讓人一進到英語村彷彿身處歐洲國家，獨具一格的建築也抹殺不少底片。

普羅旺斯村依照法國普羅旺斯小鎮的特色，運用鮮豔的顏色打造出一幢幢櫛比鱗次的南歐風彩色房屋。

坡州

Heyri文化藝術村헤이리문화예술마을
Book House북하우스
醜八怪遊樂園못난이유원지
普羅旺斯村프로방스마을

大洞里대동리
琴山里금산리
炭縣面탄현면
童話敬慕公園동화경모공원

城東성동

統一花園통일동산
城東里성동리

360
法興里법흥리

坡州英語村경기영어마을파주캠프

烏頭山統一瞭望臺오두산통일전망대

坡州長陵파주장릉

葛峴里갈현리

宋村大橋송촌대교
77

坡州出版都市파주출판도시
智慧森林지혜의숲
PINOCCHIO MUSEUM피노키오뮤지엄
Tan Tan故事屋탄탄스토리하우스

霞城面하성면

文發문발
56

⊙ 景點　◢ 美術館

尋鶴山심학산

N

韓國出版業的大本營坡州出版都市，超過200間的出版社齊聚於此。

165

1 坡州出版都市／파주출판도시
占地約50萬坪的「坡州出版都市」為韓國文化觀光部所屬的機關外，也是韓國出版業的大本營，出版的策畫、編輯、印刷等等皆於此完成，因應觀光產業開設咖啡、圖書館複合式營業的「亞洲出版文化資訊中心」，並結合藝廊、民宿服務。

📍P.165A2　🚌巴士2200號巴士至隱石橋十字路口(은석교사거리，Eunseokgyo Crossroad)下車，徒步約5分　🏠京畿道坡州市回東路145；경기도 파주시 회동길 145　🕐展覽空間各異　🚫各家不一，多為週一　💲免費
🌐www.pajubookcity.org

有時還能直擊節目拍攝現場！

你可以玩這些

Tan Tan故事屋／탄탄스토리하우스
🕐10:30~17:00　🚫週一　💲免費
由出版童書故事書的Yeowon公司經營，以開發兒童創意為主而設計表演劇場、展覽藝廊以及圖書咖啡廳等。

PINOCCHIO MUSEUM／피노키오뮤지엄
🕐10:00~18:30　🚫週一　💲8,000
以美國卡通角色小木偶為主題的展覽館，收集來自各地小木偶相關的故事書、玩偶，甚至是難得一見的手稿都可在此看見。

展出物品有來自各國語言的童書、玩具、電影、繪畫、木偶戲等。

智慧森林／지혜의숲
🕐1館10:00~17:00、2館10:00~20:00、3館24小時
💲免費，咖啡₩3,500起
位在亞洲出版文化資訊中心，利用咖啡、圖書館的複合式經營所打造出來的特別空間。

特色是以書本為主題，打造出大片的巨型書牆。

② **Heyri文化藝術村／헤이리문화예술마을**

占地約50公頃的Heyri文化藝術村是一個集合韓國國內作家、藝術家、建築師以及音樂家等創作作品的文創園區，許多新穎且具現代感的設計，同時也聚集許多兼具展覽館、咖啡館及餐廳的複合式休憩空間。

🔺P.165A1 🚌巴士2200號巴士至Heyri(헤이리)下車，徒步約5分 🏠京畿道坡州市炭縣面Heyri村路93-120；경기도 파주시 탄현면 헤이리마을길93-120 ☎031-946-8551 ⏰依場館而異 休依場館而異(大部分中午過後營業、週一休) 💲依場館而異

藝術村裡的建築物不會超過3層，以免破壞自然景象。

醜八怪遊樂園以懷舊為主題，復古零食、制服體驗都好玩。

Book House以藏書量豐富作為特色，結合咖啡館創造出複合式的文化空間。

③ **普羅旺斯村／프로방스마을**

普羅旺斯村內聚集約有50間店家，有服飾店、咖啡館、手作坊等，因韓劇《紳士的品格》來此取景而成為國內外的觀光勝地。

🔺P.165A1 🚌巴士2200號巴士至城洞十字路口(성동리사거리)下車，徒步約15分 🏠京畿道坡州市炭縣面新五里路69；경기도 파주시 탄현면 새오리로69 ⏰10:00~22:00 💲免費 🌐www.provence.town

柳載恩(류재은)Bakery House麵包店最有名的是大蒜麵包，一出爐就會搶購一空。

④ **坡州英語村／경기영어마을파주캠프**

英語村裡的建築皆以歐風設計為主，進到英語村前記得先到大門口的事務處買票，設計的像機場海關的售票處，工作人員都會說英文，拿到票和護照後再到左方的海關入場，彷彿真的來到國外。

🔺P.165A1 🚌巴士2200號巴士至坡州英語村(파주영어마을)下車，徒步約5分 🏠京畿道坡州市炭縣面oullemshil路40；경기도 파주시 탄현면 얼음실로40 ⏰9:30~18:00，需在22:00前離場 休週一 💲免費入場，觀賞音樂劇₩10,000，其他體驗券₩8,000 🌐www.gchangeupcampus.or.kr

從首爾出發車程才1小時，計畫一日旅剛剛好

\ 推薦3 /

距離首爾
約40公里

地鐵
約50分鐘

京畿道
水原
수원／SUWON

如何前往

前往水原的交通方式十分簡單，搭乘1號線、盆唐線在水原站下車即達。1號出口外就是水原遊客服務中心，可以先在遊客中心拿資料後，再到車站西側搭巴士於八達門站下，八達門的東、西兩側都有華城入口。首爾站→水原站單程₩1,850，約50~60分。

在京畿道的水原，最重要的景點非水原華城莫屬，其建於朝鮮王朝正祖時期，正祖父親因思悼世子去世，為了撫慰孤魂而將遺骸移至水原並興建華城。水原華城是連綿5.7公里的心型城牆，面積有130公頃，除了行宮建築，由砲樓、樓台、城門組成的城郭以黑磚和花崗岩建成，1997年列入世界文化遺產，其中鄰近的華虹門和東北角樓有水原川流經，柳樹飄飄，有如一幅美麗圖畫。

心型城牆不僅被列為世界遺產，更是前人智慧的體現。

水原華城

東北空心墩
長安門　　　練武台
淵瀑排骨 🍴　華虹門
　　　　　　　東砲樓
華城行宮　　東南角樓
西將台
八達山　🍜八達門市場
八達門

地鐵1號線
水原公站
① 旅遊服務中心 ②

⊙ 景點　🍴 餐廳　🛍 購物

同場加映：離開首爾的周邊小旅行

水原站綜合服務中心

抵達水原的第一站，建議
先到位在1號出口的綜合服
務中心，可以拿到最新的中
文版地圖與旅遊資訊。當
你詢問想去的目的地時，諮
詢人員會給你一張印著目
的地站名與可搭乘的巴士資訊的紙張，非常方便好用。

走完華城一圈，大約需2.5小時，建議可以去程徒步、回程
利用華城列車，節省一些體力。

① 水原華城／수원화성

朝鮮第22代王正祖的父親因群臣讒言，受到其父21代王英祖猜忌並致死，正祖即位後，選定水原華山安葬父親，並於1794年動工興建華城。華城是最早並用花崗岩石材與黑磚塊的工程，同時運用起重機等機械建造而成，以大幅縮短工期及經費，減輕百姓負擔。

🅟P.169　🚇水原站西側搭巴士7-1、35、66、66-4、82-1號於八達門站下，車程約10分　🏠京畿道水原市八達區華陽路29街28；경기도 수원시 팔달구 화양로29번길28　⏰3~10月9:00~18:00、11~2月9:00~17:00　💲華城全票₩1,000、優待票₩500~700(一開始的路段無需收門票，西側直至西將台才需購票，東側則至蒼龍門才需購票)

遺產。華城是連綿5.7公里的心型城牆，於1997年被列入世界文化

水原華城是正祖大王李祘之城。

---

② 華城行宮／화성행궁

華城行宮是正祖來水原參拜父親，作為臨時住處而構築，具體展現朝鮮時代的建築美學。在受到日本帝國的破壞並重建後，2003年正式對外開放。位於華城行宮最東側另有一處華寧殿，是純祖1801年為正祖修建的「影殿」，風格力求簡潔、樸素，色彩和行宮本身可看出明顯的區別。

🅟P.169　🚇同水原華城　🏠京畿道水原市八達區正祖路825；경기도 수원시 팔달구 정조로825　⏰3~10月9:00~18:00、11~2月9:00~17:00　💲全票₩1,500、優待票₩700~1,000

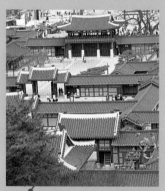

華城行宮原是正祖打算頤養天年的地方，規模比其他行宮都來得大。

華城行宮是拍攝古裝劇最佳場景。

同場加映：離開首爾的周邊小旅行

③ 八達門市場／팔달문 시장

八達門的東側原本是個傳統的市場，傍晚開始愈來愈熱鬧。規模橫跨好幾條街，商品種類繁多，價格也平易近人，揮別水原前不妨逛一逛。每年10月配合華城文化節，市集前更有韓服俏選賽、市民歌唱比賽等眾多活動。

⏍ P.169 ➤水原站西側搭巴士13、35、36、400、999號於八達門站(팔달문 정류장)下，車程約10~15分 ⏰ 17:00~22:00

初次見面就問年齡才禮貌

韓國人對輩份相當重視，幾乎只有同齡者才能當朋友，就算僅1歲之差也差很多，必須說敬語、必須稱呼哥哥或姊姊，因此知曉「年齡」就是非常重要的人際關係第一關。和韓國人初次見面時，被問到年齡也別尷尬，因為這是他們待人處事之道。

DO YOU KNOW

筷子、湯匙不要一起拿

在首爾用餐時不要將筷子和湯匙同時拿在手中，韓國人習慣將筷子用來夾菜，湯匙用來舀湯、吃飯，如要夾菜再把手中湯匙放下、改拿筷子。還有擺放湯匙也大有學問，將湯匙凹面朝下、凸面朝下才是正確且有禮貌的放法。

代步交通工具「華城列車」

➤巡行於八達山與練武台兩地之間，1天來回共24班

八達山031-228-4683、練武台031-228-4686 ⏰八達山出發10:00~16:30、練武台出發9:50~16:50 ⑤全票₩4,000、青少年₩2,500、兒童₩1,500~2,500

華城列車巡行於八達山與練武台兩地，既可減輕體力負擔，且行駛路線和繞著城牆走有些不同，可以不同角度欣賞美景。但別以為花錢就能上車，假日人潮眾多，有可能買不到最近一班列車的票，不妨先買好預定時間的車票，否則就只好繼續靠雙腳。

④ 淵潑排骨／연포갈비

水原過去做為牛隻集散地，以容易取得品質優良的牛肉而聞名。當地把有烤牛小排的餐廳翻譯為「排骨店」，其中淵潑排骨就在華虹門外，不必費力找尋。如果單人無法開火烤肉，點一碗精心熬製的牛骨湯配飯，味道也很棒。

⏍ P.169 ➤從華虹門徒步不到1分；從八達門徒步約30分 ⌂京畿道水原市正祖路906街56-1；경기도 수원시 팔달구 정조로906번길56-1 ⏰11:20~21:30 ⑤烤牛小排(양념갈비)₩55,000、牛骨湯₩15,000

來到水原，不能錯過有名的水原烤牛小排

造訪金氏世界紀錄最靠海岸線最近的火車站，還能喝咖啡、賞海景

若是要到正東津一定要搭乘火車感受最靠海的火車之旅，強力推薦搭乘半夜火車早上抵達，可欣賞韓國正東邊的日出。

安木咖啡街上有著一整排的海邊咖啡廳，其中以面海的落地窗是最受歡迎的桌位。

\推薦4/

距離首爾
約210公里

KTX
約80分鐘

MAP
P.173

江原道
江陵
강릉／GANGNEUNG

如何前往

Ⓐ KTX：KTX京江線於2017年12月開通，連結首爾與江原道，每小時行駛250公里，江陵即是此線的終點站。1號線清涼里站搭火車到江陵站。清涼里站→江陵站單程₩26,000，約1小時50分。

Ⓑ 高速巴士客運站：3、7、9號線高速巴士客運站搭巴士在江陵高速巴士總站下車，單程₩12,600~18,400，約3小時。

Ⓒ 東首爾綜合巴士：2號線江邊站旁的東首爾綜合巴士客運站搭乘高速巴士至江陵高速巴士客運站，單程₩15,000，約2小時20分。

江陵為李氏王朝的儒學家李栗谷的出身地，是歷史悠久的儒教之鄉。遊客可能沒聽過李栗谷，但一定都看過他，因為他的肖像就印在5,000元的韓幣紙幣上。到江陵不得不嘗美味豆腐的江陵草堂豆腐村、來段火車小旅行，拜訪和湛藍大海只有數步之遙的正東津車站，或是到訪因海邊咖啡街而大紅的安木咖啡街，看著大海喝咖啡，都是遊客值得造訪的地方，尤其是夏天，鏡浦海灘是東海岸最受歡迎的度假地。

建議來趟兩天一夜的江陵行程

因為江陵面積廣大不建議一日遊，可以安排大約兩三天，交通不像首爾市區方便，大多要搭公車，建議可以將路線都規劃好並且寫下韓文，若是有些地方久久等不到公車，移動距離又不是太遠，計程車也是不錯的選擇！

江陵

○ 景點
Ⓗ 住宿
🛍 購物
🏛 博物館

↑往注文津、江門　Ⓐ

真音留聲機&
愛迪生博物館
참소리축음기&
에디슨과학박물관 🏛

鏡浦海灘飯店
호텔경포비치
Ⓗ

鏡浦台경포대

鏡浦台現代飯店 Ⓗ
경포대 현대호텔

鏡浦湖
경포호
1　　　　1

草堂豆腐村 🛍
초당순두부마을

草堂婆婆水豆腐 🛍
초당할머니순두부

○烏竹軒오죽헌
🏛江陵市立博物館강릉시립박물관

N

嶺東路

←往○五台山오대산

往江陵安木咖啡街→

江陵火車站　ⓘ遊客服務中心

2　　　　2

江陵巴士站
ⓘ
遊客服務中心

嶺東線

中央市場 🛍

N

Ⓐ

↗往Ⓗ龍平度假村용평리조트

往統一公園통일공원→
正東津車站정동진

來到江陵還有必吃的草堂海水豆腐，剛製作好的豆腐，趁熱吃最美味。

① 正東津車站／정동진역

位於江陵市北端的正東津車站，乃是金氏世界紀錄所認可，全世界離海岸線最近的火車站。正東津車站月台需購票才可入內，也可選擇從北邊的東海車站搭乘火車，只要半個小時就可抵達正東津車站。

🚉 P.173A2　🚃1號線清涼里站往正東津站可搭KTX或無窮花火車　⏱KTX列車：約70分；無窮花：約5小時40分　💲KTX列車₩26,700，無窮花₩21,000~22,000

鐵道與黃昏夕陽並列眼前，景致美得不像話。

正東津車站是全世界離海岸線最近的火車站。

同場加映：離開首爾的周邊小旅行

Do YOU KnoW

水煮蛋是坐火車的記憶

韓國的火車會設有一節車廂專門販售零食跟飲料，若是在火車上有遺失物品也可以到這裡詢問，因為韓國火車查票比率非常低，要看到工作人員很不容易。對於台灣人搭火車可能會想到台鐵排骨便當，但對韓國人來說水煮蛋則是搭火車的美好記憶，沾鹽巴吃是為了助消化。

② 江陵安木咖啡街／강릉안목카페거리

江陵有許多知名的海灘，正東津就是其中之一。而近年來安木、江門等海灘也隨之興起，特別是安木海灘進駐了相當多的咖啡店，都主打可欣賞海景，一整排海景咖啡店讓這裡有了江陵咖啡街之稱，是韓國人非常喜歡的渡假勝地。

🚉 P.173A2　🚃江陵高速巴士客運站外搭乘308-1公車至安木咖啡街公車站，需時約30分

街邊的咖啡館幾乎都有落地窗、露台或屋頂可以眺望海景。

BIKINI BURGER的手工漢堡份量十足！

3 江門／강문
江門可說是因為韓劇而人氣高漲的江陵海灘之一，來到這裡可以看到韓劇《她很漂亮》中出現的鑽石座椅、相框，和各種特別的造景，非常適合情侶在這裡外拍、三五好友在這裡也能留下美好回憶。

🔆P.173A1 🚌江陵高速巴士客運站外搭乘202-1、202-2公車至허난설헌삼거리公車站，需時約30分，再徒步15分

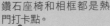

鑽石座椅和相框都是熱門打卡點。

4 注文津／주문진
注文津海灘以新鮮的海產而知名，在超級火紅的韓劇《鬼怪》來此拍攝後，人氣扶搖直上，每天都有旅行團來此朝聖，甚至在拍攝場景做起出租花束的生意，給每個來朝聖的國內外旅客增添趣味！

🔆P.173A1 🚌江陵車站外搭乘300、301公車至주문진중 고등학교 강릉정보고公車站，需時約50分，再往海邊徒步10分

仿照鬼怪的著名畫面。

濃郁的豆腐鍋，香辣夠味超級下飯。

海水豆腐口感稍硬，一口咬下豆香就在嘴裡漾開。

5 草堂豆腐村／초당순두부마을
說到江陵，一般韓國人馬上就會聯想到豆腐。江陵草堂的海水豆腐馳名全國，當地店家以水管探近海底，抽取深海乾淨的海水來製作豆腐，因海水本身就有鹹味，剛製作好的豆腐，趁熱吃道味道最佳。

🔆P.173A1 🚌江陵高速巴士客運站外搭市區巴士230號於終點站下，車程約40分，再徒步約5分可達；或搭計程車約15~20分 🏠江原道江陵市草堂水豆腐街；강원도 강릉시 초당순두부길

👉 **有此一說～**

吃豆腐去霉運
韓劇中常可看到出獄的人會吃豆腐去霉運，代表一切潔白如新，在韓國板豆腐就像台灣的豬腳麵線一樣，有去除霉運的意思。

同場加映：離開首爾的周邊小旅行

首爾

26

作者●墨刻編輯部
攝影●墨刻編輯部
主編●柯玟
美術設計●詹淑娟 (特約)・李英娟
封面插畫●Amori
地圖繪製●墨刻編輯部・Nina (特約)

出版公司
墨刻出版股份有限公司
地址：台北市104民生東路二段141號9樓
電話：886-2-2500-7008／傳真：886-2-2500-7796
E-mail：mook_service@hmg.com.tw

發行公司
英屬蓋曼群島商家庭傳媒股份有限公司城邦分公司
城邦讀書花園：www.cite.com.tw
劃撥：19863813／戶名：書虫股份有限公司
香港發行城邦（香港）出版集團有限公司
地址：香港灣仔駱克道193號東超商業中心1樓
電話：852-2508-6231／傳真：852-2578-9337
城邦（馬新）出版集團 Cite (M) Sdn Bhd
地址：41, Jalan Radin Anum, Bandar Baru Sri Petaling,
57000 Kuala Lumpur, Malaysia.
電話：(603)90563833／傳真：(603)90576622／
E-mail：services@cite.my
製版・印刷漾格科技股份有限公司
ISBN978-986-289-854-3・978-986-289-857-4（EPUB）
城邦書號KV4026 初版2023年4月
定價360元
MOOK官網www.mook.com.tw
Facebook粉絲團
MOOK墨刻出版 www.facebook.com/travelmook
版權所有・翻印必究

執行長●何飛鵬
PCH集團生活旅遊事業總經理暨墨刻出版社長●李淑霞

總編輯●汪雨菁
資深主編●呂宛霖
採訪編輯●趙思語・陳楷琪
資深美術設計主任●羅婕云
資深美術設計●李英娟
影音企劃執行●邱茗晨

業務經理●詹顏嘉
業務副理●劉玫玟
業務專員●程麒
行銷企畫經理●呂妙君
行銷專員●許立心
行政專員●呂瑜珊
印務部經理●王竟為

首爾/柯玟, 墨刻編輯部作. -- 初版. --
臺北市：墨刻出版股份有限公司出版：
英屬蓋曼群島商家庭傳媒股份有限公
司城邦分公司發行, 2023.04
176面；16.8×23公分. -- (City target；
26)
ISBN 978-986-289-854-3(平裝)

1.CST: 旅遊 2.CST: 韓國首爾市

732.7609   112003281

填補漢江而成的「汝矣島」，除了是韓國經濟重鎮，島上的綠地公園更是能飽覽漢江美景◎汝矣
square曾是韓國最高建築，建築物因日照時間不同反射不同光澤，又有「黃金塔」美名◎首爾最具
賞首爾夜景，N首爾塔的閃閃亮光也超吸睛，是情侶約會的熱門景點之一◎怕語言不同就來
歷史與現代結合的美麗樣貌◎跟著首爾徒步路線，漫步在重新誕生的綠色首爾路上，感受隱
代表性觀光勝地，穿著韓服走過朝鮮王朝正宮，在宏麗的宮殿留下張張美照◎景福宮到光化
，令人心曠神怡◎從景福宮串聯西村和孝子洞，感受舊首爾的精髓與浪漫◎漫步北村與三清
街道感受昔日的美好，在韓屋咖啡館裡悠閒度過午後時光◎仁寺洞北側是首爾現存古老韓屋
地區，漫步其間宛如回到朝鮮時代◎由韓屋改建成的商店、咖啡廳、美術館，讓三清洞獨樹一木
洞號稱全首爾最具古典藝術氣息的購物區，但一點也不沉悶，各式各樣具韓國民族風情的臨
有◎昌德宮古意盎然的宮殿建

首爾

築和傳統造景的後苑都韻味

座◎2

朝鮮時期宮殿中保存最完

的服飾批貨大本營，白天零

晚

整天人潮洶湧

瑰構成，與夜色相映成最浪漫的

26

**City
Target**

門設計廣場D

的美食、咖啡館，走一趟弘大就

充滿自由自在

異國料理別錯過延南洞，傍晚時分也可以看到許多年輕人在公園野餐、聊天◎弘大街道充滿

基地而發展起來的梨泰院，

I·SEOUL·U

梨泰院的酒吧都

眾多街頭藝術、壁畫、

너와 나의 서울

景點◎找一

迷人的風景◎壁畫村

給當地居民

鞋工廠區域蛻變時尚文藝特區，改建舊倉庫、老工廠變身超夯工業風咖啡廳◎揉合新舊風格
候時光，就隨選一間聖水洞咖啡館裡度過◎鷹峰山上往北面看有美麗都市河景、首爾林公園
書館，一起深陷唯美場景裡◎COEX位處首爾最貴地段江南地區，周邊辦公大廈林立，與漢江
道有許多特色咖啡店，可以找一間自己喜愛風格的咖啡店，逛到累了可以休息一下◎「裏林蔭
城市景色，串聯附近的樂天百貨更好玩◎555公尺的樂天世界塔，是目前韓國最高大廈，也是
美景◎汝矣島漢江公園是一覽漢江美景的最佳地點◎盤浦大橋的月光噴泉表演秀，夜色搭上
美名◎首爾最具代表性的地標，登塔、眺望享受N首爾塔白天與夜晚的不同樣貌◎夜晚可以
生計畫「首爾路7017」，步行台市中心裡的空中花園，展現歷史與現代結合的美麗樣貌◎跟著首
事◎步道上種植著丁香、榆樹及合歡樹，也將自然與城市成功結合為綠意首爾◎景福宮是首
照◎景福宮到光化門廣場這一大片地區，曾經是朝鮮時代政權中心地，四周車水馬龍、中央
精髓與浪漫◎漫步北村與三清洞的歷史街道感受昔日的美好，在韓屋咖啡館裡悠閒度過午後